ARS ET AMOR

DIE EROTIK IN DER KUNST

In der Reihe »ARS ET AMOR« sind bereits erschienen:

Band 1: Étiemble, China
Band 2: Marcadé, Die Griechen
Band 3: Anand, Indien
Band 4: Grosbois, Japan
Band 5: Tucci, Nepal
Band 6: Surieu, Persien
Band 7: Hoyle, Peru

Jean Marcadé

Professor der Archäologie
an der Universität Bordeaux

Etrusker und Römer

ROMA AMOR

Studie über
die erotischen Darstellungen
in der griechischen Kunst

36 farbige Illustrationen
91 schwarzweiße Illustrationen

WILHELM HEYNE VERLAG
MÜNCHEN

Deutsche Bearbeitung von
Universitätsprofessor W. Zschietzschmann

Genehmigte Taschenbuchausgabe der im Nagel Verlag, Genf,
erschienenen Reihe LIEBE IN DER KUNST

Umschlaggestaltung: Atelier Heinrichs, München
Bildreproduktion: G. Zanella, Verona/Italien
Layout: Dieter Lidl, München
Printed in Germany 1979
Gesamtherstellung: Friedrich Pustet, Regensburg

ISBN 3-453-35208-4

Vorwort

Wenn wir als Titel dieses Werkes das berühmte Anagramm »ROMA AMOR« gewählt haben, so ist es nicht unser Ehrgeiz, dem Leser die Kehrseite der römischen Größe vorzuführen: es handelt sich hier nicht um eine historische Abhandlung.

Was wir uns vorgenommen haben, das ist der Versuch einer Deutung und Erklärung zum Verständnis der erotischen Skulpturen und Gemälde etruskischer und römischer Herkunft. Herrn Dr. Louis Nagel ist es gelungen, diese zu fotografieren und uneingeschränkt wiederzugeben, viele davon zum ersten Male.

Diese Bildfolge von einer bisher nicht erreichten Offenheit hätte niemals ohne die Hilfsbereitschaft und die Mitwirkung unserer vortrefflichen Kollegen, den Professoren Amedeo Maiuri (Soprintendente alle Antichità, Neapel) , Attilio Stazio (Nationalmuseum Neapel), Giovanni Oscar Onorato (Ausgrabungen Pompeji), Renzo Rosano (Rom), Dr. Luciano Merlo (Rom), und den Herren Gilbert Charles-Picard (Institut d'Art, Paris), Georges Le Rider (Cabinet des Médailles de la Bibliothèque Nationale, Paris), Amable Audin (Musée de la Civilisation gallo-romaine, Lyon), Victor Lassalle (musées de Nîmes), Jean-Maurice Rouquette (musées d'Arles), Joannès Ruf (musées de Vienne, Isère) und Louis Armand-Calliat (musée de Chalon-sur-Saône), zusammengetragen werden können. Ihnen an dieser Stelle öffentlich Dank zu sagen ist dem Autor und in gleicher Weise dem Herausgeber eine angenehme Pflicht.

Zu den eigentlich römischen Werken haben wir mit Absicht einige griechische oder griechisch inspirierte Werke gestellt, Originale und Kopien, die in Italien gefunden wurden. Sie legen Zeugnis ab von dem Reiz, der, von der Anmut und der Poesie der griechischen Schöpfungen ausgehend, auf das itali-

sche Empfinden eingewirkt hat. Sie erlauben aber auch, die Ursprünglichkeit des römischen Temperaments um so besser zu würdigen; von dessen Herbheit und Kraft gibt, so scheint es uns, der Klang der beiden Wörter ROMA-AMOR eine gute Vorstellung.

J. M.

Die erotischen Darstellungen in der etruskischen und römischen Kunst

Die Zeit der »braghettoni« ist vorüber. Die nackten Körper der antiken Statuen werden, selbst ohne Gipsmuscheln oder Feigenblätter, in den Museen nicht mehr als Verletzung der öffentlichen Moral angesehen. Der Unterricht, wenn er die Auswahl der gezeigten und erläuterten Kunstdenkmäler dem Alter der Zuhörerschaft angepaßt hat, verzichtet nunmehr darauf, die Bildwerke zu verstümmeln oder sie zu verniedlichen. Mit um so mehr Recht hat man im Jahrhundert der »Corpora« aufgehört, in wissenschaftlichen Veröffentlichungen die Objekte zu ignorieren, die durch ihre Zweckbestimmung, ihre Form oder durch ihre Gestaltung unzüchtig sind. Griechen, Etrusker und Römer haben in Ton oder Stuck, in Bronze oder Marmor, auf Vasen, Lampen, in Skulpturen, auf Fresken und Mosaiken eine reichhaltige Sammlung erotischer, hermaphrodischer oder priapischer Bildkunst hinterlassen. Die Weigerung, diese zur Kenntnis zu nehmen, wäre gleichbedeutend damit, sich einer Quelle zu verschließen, die bisweilen für eine Geschichte der Kunstfertigkeiten und für das Studium der Werkstätten der Handwerker wertvoll ist; man würde dann einen wichtigen Punkt der »klassischen« Zivilisation insofern vernachlässigen, als die anscheinend unmotivierte Obszönität einiger Darstellungen in Wahrheit abergläubische Vorstellungen des Volkes oder religiöse Anschauungen bildlich wiedergibt; und schließlich – man würde nicht zu der Erkenntnis einiger höchst verfeinerter künstlerischen Verwirklichungen gelangen, die die Freiheit der Inspiration und des Ausdrucksvermögens des Künstlers jemals hervorgebracht hat.

Der vorliegende Tafelband ist den etruskischen, griechisch-römischen Denkmälern gewidmet.

In der landläufigen Meinung haben die Römer einen

schlechten Ruf. Man weiß recht gut, daß das (französische) Wort lupanar (= Bordell) ein lateinisches Wort ist. Es wird zugegeben, daß das Lateinische, mehr als irgendeine andere Sprache, »der Tugendhaftigkeit spottet«. Selbst ohne sie gelesen zu haben, weiß man, daß Ovid eine »Liebeskunst« geschrieben hat und Juvenal Satiren, die die Laster der Gesellschaft seiner Zeit schonungslos anprangern. Das dem Petronius zugeschriebene »Satiricon« verzeichnet in volkstümliche Ausgaben übersetzt einen ebenso zweifelhaften buchhändlerischen Erfolg wie die pseudohistorischen Romane über die Römer der Verfallszeit. Dem Manne auf der Straße sind Tiberius und Nero vertrauter wegen ihrer Verderbtheit als wegen ihres politischen Wirkens. Jedermann gebraucht die Wendung, daß »die Frau des Kaisers nicht verdächtigt werden kann«, und jedermann hat im Gedächtnis behalten, daß Messalina, die eigene Frau des Kaisers Claudius, sich in dem verrufenen Stadtviertel Subura Gelegenheitsliebhabern hingab, auf nächtlichen Streifzügen, von denen sie »lassata non satiata« zurückkehrte.

Auf diesen Verdacht beispielloser Schamlosigkeit und Ausschweifung, mit dem man die alten Römer bedenkt, geht das heimliche Renommé gewisser Mosaiken zurück, das längst bekannte Geheimnis der »Geheimen Museen« von Neapel und anderswo, sowie der Holztäfelchen, die an gewissen Ausgrabungsplätzen in Italien die verschämten Blicke auf das Vorhandensein »verbotener« Darstellungen eher hinweisen, als daß sie sie verbergen.

Es gibt in der Tat keinen Pompeji besuchenden Touristen, der nicht von seinem Führer mit kupplerischem Augenzwinkern vor die berühmten Wandflächen gelockt worden wäre, die sich ihm vermittels eines ansehnlichen Trinkgeldes entschleiern, und vor das schlecht zu sehende Bild einer erotischen Gruppe oder einer phallischen Statuette. Die Einbildungskraft tut ein übriges; kaum bemerkt man dann, daß auch die Vitrinen des Antiquariums ebenso »merkwürdige« und nicht weniger »vielsagende« Gegenstände enthalten.

Der Leser findet nachfolgend sehr schöne Wiedergaben

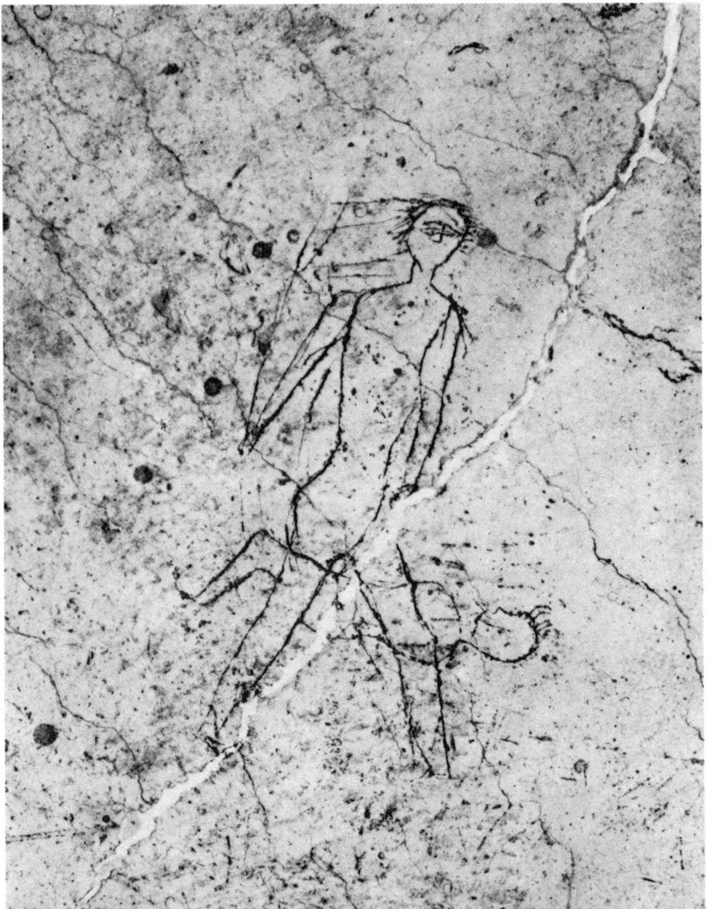

Erotisches Graffito in Neapel, Nationalmuseum.

farbiger Fotografien von einigen der typischsten Beispiele solcher Darstellungen, die man lange Zeit für verrufen hielt. Vielleicht werden wir dadurch dem an den Ausgrabungsstät-

ten durch Herkommen geheiligten Kleinhandel unter der Hand schaden. Doch man stoße keine Schreie der Entrüstung aus: verglichen mit der suggestiven Eindringlichkeit gewisser zeitgenössischer Filme oder mit den perversen Zauberkunststücken gewisser literarischer Darstellungen ist der erregende Inhalt der auf die Wände reicher kampanischer Wohnstätten gemalten Liebesszenen weniger verwirrend, als es zunächst scheint. Die unmittelbare Ungezwungenheit der Haltungen und die Derbheit der Zeichnungen sind anstößig nur auf den alten Aufnahmen und Umrißzeichnungen des 18. und 19. Jahrhunderts. Die Farbe aber gibt diesen Darstellungen ihren künstlerischen Wert zurück und gestattet, sie besser zu beurteilen als den Niederschlag einer großen Malerei, deren Hauptwerke mehr den Verstand ansprechen als das Animalische im Menschen, und den Geist ebenso wie die Sinne. Daß dies der Fall ist – die Bronzemedaillons, die gestempelte Keramik, die Tonlampen mit »obszönen Bildern« beweisen es, denn sie übernehmen die gleichen, einem allgemeinen Vorbild entstammenden Kompositionen und schematisieren diese. Und darunter gibt es ganz andere Dinge als niedere Schlüpfrigkeiten. Wenn man einmal begriffen hat, daß die ge-

Freuden des Bettes, Wandbilder in Neapel, Nationalmuseum.

Freuden des Bettes, Wandbilder in Neapel, Nationalmuseum.

meißelten und auf die Wände der antiken Häuser gemalten oder im Mosaikfußboden abgebildeten Phalli nichts mit den aufreizenden Darstellungen auf den Hauswänden unserer modernen Städte zu tun haben, würde man ein Unrecht begehen, diese erotische Bildkunst von einer wahrnehmbar anderen Gesinnung zu verwechseln mit päderastischen und anderen Kritzeleien (die es in der Antike genauso gab wie in unseren Tagen), eine Bildkunst, der wir in den Häusern wie ebenso, wir wollen es unterstreichen, in den Gräbern und in den Heiligtümern begegnen. Neben dem Anteil der sinnlichen Libertinage der Ästheten und der Skeptiker, die zunächst nur um ein »unnachahmliches Leben« der Freude und der Sinnenlust in einem entsprechenden Rahmen besorgt sind, muß man mit jener Unruhe der menschlichen Lebensbedingungen rechnen und mit jener Angst vor den Rätseln des Lebens und des Todes, der Fruchtbarkeit und der Zeugung – Dinge, die nach dem Erfolg der eleusinischen und der dionysischen den der ägyptischen und orientalischen Religionen bedingt haben. Man kennt den Platz, den der Hieros Gamos in diesen Religionen einnimmt. Wenn die Liebesabenteuer der Götter und Heroen so oft auf den kampanischen

Fresken dargestellt sind, wenn die Gestalten des dionysischen Thiasos dort so oft auftreten, würden die rein menschlichen erotischen Gruppen, die mit den mythologischen Motiven abwechseln, wie eine Parodie, wie eine Entweihung erscheinen, wenn sich nicht eine höhere Idee in ihnen entdecken ließe. Jedoch – würde einer eingeladen zu Spielen, die die Ausgelassenheit der Satyrn und Nymphen nachahmen, so wüßte der Eingeweihte, was göttlich ist in der geheimnisvollen Alchemie der menschlichen Liebe.

I

Es ist unrichtig zu behaupten, die Römer seien vom Geschlechtlichen besessen gewesen, wiewohl man vor den Phallusanhängern und den bei den Ausgrabungen gefundenen grotesken Figuren ganz natürlicherweise auf einen solchen Gedanken kommen könnte. Das, wovor ihnen graute, das ist die »Verzauberung«. Man braucht nicht lange in den Mittelmeerländern gelebt zu haben, um zu wissen, daß im Volke die Furcht vor dem bösen Geschick, vor dem bösen Blick, lebendig geblieben ist. Der Taxichauffeur, der plötzlich seine weit geöffnete Handfläche gegen einen, der beinahe einen Unfall verursachte, ausstreckt, der Bauer, der ein wenig über die Wiege deines Kindes spuckt, der Arbeiter, der schlagartig die Hand in seine Hosentasche versenkt, wo er, den Zeigefinger und den kleinen Finger ausgestreckt, »die Hörner macht«, bevor er sich beim Anblick eines Leichenbegängnisses bekreuzigt – sie alle glauben an die jettatura, glauben an das kako mati, das heißt an genau das, was die Alten unter der Verzauberung verstanden. Der Aberglaube nährt sich vom schädlichen Einfluß, den gewisse Worte und gewisse Anblicke, besonders gewisse Personen durch eine Besonder-

Wandgemälde in Tarquinia, Grab der Stiere, Ausschnitt aus dem Fries.

Wandgemälde in Targuinia, Grab der Stiere, Gesamtansicht.

heit ihres Anzuges oder durch eine besondere Farbe ihrer Augen oder allein durch ihre Gegenwart an sich haben. Die Gefahr ist um so heimtückischer und besorgniserregender, als sogar der, der Ursache dieses schädlichen Einflusses ist, sich dessen gar nicht bewußt zu sein braucht, daß er wie ein Freund erscheinen und daß es sich um einen Verwandten handeln kann.

In Theagenes und Chariklea, diesem griechischen Roman vom Ende des 3. Jahrhunderts unserer Zeitrechnung, dem wie es scheint, Racines ganzes Entzücken galt als er Schüler in Port-Royal war, gibt es eine recht merkwürdige Stelle. Chariklea ist plötzlich an einer seltsamen Schwäche erkrankt, und ihr Vater macht sich Sorgen: »Wundere dich nicht, erwiderte ihm Calasiris, daß sie bei einer Prozession, in der sie an einer großen Menschenmenge vorübergegangen ist, den bösen Blick auf sich gezogen hat.« Und als sein Gefährte sich wundert, daß ein so kluger Mann wie das gemeine Volk an die

Herkules von Liebe gequält, Wandbild in Neapel, Nationalmuseum.

behexende Kraft der Augen glaubt, fährt der fort: »Dies ist es was geschieht: Die Luft, die um uns ist, dringt bis in unser Innerstes durch die Augen, die Nase, den Mund und alle anderen Öffnungen des Körpers und bringt die Eigenschaften der Außenwelt mit. Ihr Einfluß pflanzt den Keim der Leiden, mit denen sie beladen sind, in die ein, die sie aufnehmen. Auf diese Weise belädt sich die umgebende Luft mit Boshaftigkeit, wenn jemand mit neidischen Augen die schönen Dinge betrachtet, und sein verbitterter Atem breitet sich auf die Nachbarn aus. Dieser Hauch dringt wegen seiner Feinheit bis ins Knochenmark ein, und daher erkrankt man oft an der Krankheit des Neides, die eigentlich Behexung genannt worden ist . . . Daß gewisse Personen sogar diejenigen verhexen, die ihnen am teuersten sind und denen sie das beste wünschen, darüber braucht man sich nicht zu wundern. Der Neid, der sie plagt, ist ein Naturphänomen, und was sie zum Handeln zwingt, das ist nicht ihr freier Wille, aber ihr eigenes Wesen.«

Man hätte unrecht anzunehmen, daß die von dem Ägypter des Romanes vorgetragene pseudowissenschaftliche Erklärung nicht auch von ernsthaften Geistern anerkannt worden sei. Die gleiche oder fast die gleiche Argumentation findet sich in den »Tischreden« des Plutarch wieder, in denen sich ein Wortwechsel entspinnt »über diejenigen, von denen man

Tarquinia, Grab der Stiere, Einzelausschnitte (Bellerophon, Heilige Bäume mit Binden, Troilos vor dem Brunnen).

Überraschte Nymphe, Wandbild in Neapel, Nationalmuseum.

Überraschte Nymphe, Wandbild in Neapel, Nationalmuseum.

sagt, daß ihr Blick behexe«. Plutarch glaubt an den bösen Blick. »Wir wissen von Menschen und wir kennen solche«, schreibt er, »die durch das starre Betrachten von Kindern diese schwer verletzen, weil die Temperatur ihrer Körper, die feucht und schwach sind, sich dabei wandelt und sich zum Schlimmen umkehrt.« Plutarch ließ auch die Überlieferung gelten, nach der frühere Bewohner des Pontus Euxinus, die Thibier, nicht nur für kleine Kinder todbringend waren, sondern auch für Erwachsene, weil diejenigen, die entweder ihren Atem oder ihren Blick oder ihre Worte in sich aufnahmen, in Kraftlosigkeit verfielen und alsbald erkrankten. »Die körperliche Ursache scheint ihm in den »Anschwellungen und Ausflüssen« zu liegen, die beständig vom Körper ausgehen und das um so mehr, je mehr der Körper sich »erhitzt und erregt«. Folglich »hat es den Anschein, daß sich dies ebensosehr durch die Augen wie durch einen anderen Kanal vollzieht; denn der Gesichtssinn, der ein sehr leichter und beweglicher Sinn ist, verbreitet eine wundersame, erregende Kraft, wenn es der Geist ist, der ihn lenkt, derart, daß der Mensch durch das Mittel besagten Gesichtssinnes mehrfach beachtlich wirkt und erleidet und Dinge aufnimmt, die er mit nicht geringem Vergnügen und Mißvergnügen sieht«.

Das Sehen hat eine »rasche und gewandte« Kraft, auf einen anderen das Prinzip der Ansteckung zu übertragen. Der unmittelbarste Beweis hierfür ist durch die Liebe gegeben, »die ihre Quelle und ihren Ursprung vom Sehen her nimmt, so sehr, daß derjenige, der von Liebe erfaßt wird, bei der Betrachtung der Schönheit der Person, die er liebt, ganz zerfließt und vergeht, wie wenn er in diese eindringe«. Ebenso gut aber wie die körperlichen Krankheiten und Leiden können die Krankheiten und Leiden des Geistes oder der Seele andere anstecken: »wißt ihr nicht, daß die Seele, je nachdem wie sie gestimmt ist, auch den Körper bestimmt und beeinflußt? Der Gedanke an das Liebesspiel läßt den Trieb sich regen . . . und der Samen der Männer ist wirksamer und zur Zeugung geeigneter, wenn sie Liebesbeziehungen haben, denen sie zugeneigt sind«. Die Gefühle aber, wie der Geiz und die Eifersucht

Festmahl des Velthur Velcha, Wandbild in Tarquinia, Grab der Schilde.

verändern auch die Verfassung des Körpers, und »der Neid, der nicht weniger subtil ist, um in die Seelen einzudringen, erfüllt die Körper mit einer schlechten und bösartigen Stimmung«. Wenn diejenigen, die von einem solchen Laster angesteckt sind, zufällig ihre Blicke auf andere Personen werfen, sind ihre Blicke wie verpestete und vergiftete Strahlen: wenn die, die sie betrachtet haben, »davon angegriffen und verletzt werden«, so scheint es, daß ihnen nichts geschieht, was fremd ist, noch etwas, was man bezweifeln müßte«. Stellen wir über-

Enttäuschter Satyr, Wandbild in Neapel, Nationalmuseum.

Einwilligung, Wandbild in Neapel, Nationalmuseum.

dies noch fest, daß die unheilvolle Wirkung dieser Blicke vom Willen derjenigen, die sie werfen, unabhängig ist: wenn die Leidenschaften einmal der Seele schlimme Gewohnheiten eingeprägt haben, dann haben diese die Stärke von Naturkräften angenommen; ihre Wirkung richtet sich sogar gegen die liebsten Wesen derjenigen, die davon erfüllt sind, denn von dem Augenblick an, da sie innerlich bewegt sind »tun sie nicht mehr das, was sie wollen, sondern das, wozu sie gedrängt und bestimmt sind«.

Zur Stütze dieser Theorie der gefährlichen »Ausstrahlungen«, die der Blick gewisser Personen überträgt, finden wir Demokrit angerufen, was beweist, daß seit dem 5. Jahrhundert v. Chr. die Philosophen sich bemühten, die schädlichen Wirkungen des bösen Blickes zu erklären; dies bestätigt auch das hohe Alter eines Glaubens, dessen Berechtigung ganz sicher niemand in der Masse des Volkes in Zweifel zu ziehen gedachte. Gegen diese ständigen und heimtückischen Gefahren der invidia, der Verhexung sich zu wappnen, war lebensnotwendig. Doch – wie den unheilvollen Blick von sich abwenden? Wie ihn unwirksam machen?

Dafür gab es magische Formeln, Gebärden, Amulette. Das gewöhnliche Prinzip war einfach: den bösen Blick »beleidigen«, oder ihn durch Gelächter entwaffnen. Man konnte ihm einen Beweis der Nichtachtung entgegensetzen, wie das Ausspeien; man konnte einen schädlichen Einfluß auf ihn selbst zurücklenken, indem man ihm einen vorbeugenden Blick entgegenwarf (die Meinung war verbreitet, daß ein Mensch mit dem verhexenden Blick Gefahr lief, sich selbst zu behexen, wenn er seinem eigenen Blick im Spiegel oder im reflektierenden Wasser eines Flusses begegnete). Noch wirksamer war es, ihm ein Anstoß erregendes Bild entgegenzuhalten, um ihn zu verwirren. Daher so viele skatologische Amulette und Anhänger, die ein mißgestaltetes Wesen vom

Festmahl des Larth Velcha, Wandgemälde in Tarquinia, Grab der Schilde.

Festmahl, Wandgemälde in Tarquinia, Grab der Leoparden.

Rücken her zeigen, das mit gespreizten Schenkeln cossim cacans hockt, wobei das aufgeschürzte Kleid die Hinterbacken entblößt; daher kommt auch die Reihe von Darstellungen von Schreckgespenstern, die von Ägypten, dem recht eigentlichen Lande der Zauberer und der Hexerei, entlehnt sind: scheußliche Gnome verrenken sich in possenhaften Körperhaltungen und schreckenerregende Kreaturen betrachten einen monströsen Geschlechtsteil, wie er sich unmäßig lang zwischen ihren Beinen ausdehnt und auf dem sie gleichsam reiten. – Die im Orient lebenden oder mit dem Orient in Handelsbeziehungen stehenden Römer hatten die befreiende und schützende Kraft dieser Grotesken als Abwehrmittel kennengelernt, die wir gelegentlich als harpokratisch bezeichnen; ihre Beliebtheit hatte sich rasch über den Bereich des Niltales ausgebreitet.

Außerdem war die Obszönität, die ganz unverhüllte und naive Obszönität, die zum Lachen und gleichzeitig zum Abwenden des Blickes zwingt, mächtig gegen den bösen Blick: alles, was den Geschlechtstrieb erregt, die Paarung der Geschlechter, kurz alles was die beiden Geschlechter repräsentiert. Der ausgestreckte Zeigefinger läßt, wenn die Hand sonst geschlossen ist, an den Phallus denken (der Mittelfinger gilt übrigens als digitus infamis oder impudicus): die Geste, die ihn zwischen den anderen gekrümmten Fingern hervorragen läßt, wird daher Unheil abwehrend sein. Wahrscheinlich hat die Gebärde der »Hörner«, so wie sie noch in Italien üblich ist, einen ähnlichen Ursprung: der Zeigefinger und der kleine Finger sind nur leichter zu strecken und gestreckt zu halten, und die Verdoppelung des Symbols kann daher nur eine Verstärkung der Wirksamkeit bedeuten. Die Gebärde der fica, die »Feige«, ist ebenfalls sehr alt; sie besteht, wie bekannt, darin, den vorderen Teil des Daumens zwischen Zeige- und Mittelfinger zu stecken, während die Hand dabei geschlossen bleibt; ursprünglich handelte es sich gewiß darum, das Eindringen des Phallus in den Geschlechtsteil der Frau nachzuahmen oder um die Darstellung der weiblichen Erektion. Ich persönlich neige zu der zweiten Deutung, und die Grimasse,

Große Grätsche, Wandbild in Neapel, Nationalmuseum.

bei der die Zungenspitze zwischen den geschlossenen Lippen hervortritt, könnte ehemals die gleiche Bedeutung gehabt haben, ob sie nun vom Ausspucken begleitet ist, wie ich es in Griechenland gesehen habe, oder nicht. In jedem Falle bedeutet sykon im Griechischen entsprechend dem lateinischen

fica, das membrum muliebre, und die Amulette, die auf der einen Seite in einer Hand enden, die die fica macht, zeigen auf der anderen Seite oft die Eichel des Phallus. Ich möchte annehmen, daß es die Absicht war, in diesen Gegenständen das männliche Apotropaion durch das weibliche Apotropaion zu verdoppeln, oder genauer gesagt: durch ihr Symbol; in der gleichen Art, wie auf gewissen prophylaktischen Mosaiken, wo die Darstellung des Phallus von der des weiblichen Geschlechtsteiles in der Form eines geschlitzten Dreieckes begleitet ist.

Nun zu den Amuletten: weil die Geste nur einen momentanen Schutz gegen die erkannte Gefahr gewährte, war es sicherer, gegen die ständige und heimtückische Bedrohung, wir wiederholen es, gegen den bösen Blick, für dauernd geschützt zu sein durch Amulette, die geeignet waren, ihn fernzuhalten und deren Form und Aussehen in jeder Situation eine nicht versagende Gegenkraft darstellten. Die Gebärde der fica, die Herausforderung des Phallus, wurden in Bein, in Elfenbein, Stein oder in Metall in Anhängern gestaltet, die man bei sich trug, um den Hals oder am Gürtel – zu dem gleichen Zweck wie die Götterfiguren, die Tierdarstellungen, die farbigen Perlen usw. – alle galten als spezifische Mittel gegen Krankheiten und Behexung. Viele der wiedergefundenen Phalli (realistische Phalli, Verbindungen des Phallus mit der fica oder Zusammenstellungen mehrerer Phalli) sind mit einem Loch durchbohrt oder haben einen Ring zum Aufhängen. Die bulla der Kinder war oft mit einem phallischen Zeichen versehen, und zur Feier des Triumphes verfehlten die siegreichen Feldherren nicht, wie uns Makrobius berichtet, selbst eine bulla mit den remedia quae crederent adversus invidiam valentissima zu tragen, während unter ihrem Wagen ein großer

1 *Erotische Gruppe, Ausschnitt aus dem Wandgemälde S. 16.*

2 *Liebesspiel zu Dreien, Ausschnitt aus dem Wandbild in Tarquinia, Grab der Stiere.*

Phallus aufgehängt war. In der Tat – je offenkundiger der menschliche Erfolg ist, um so ansteckender ist die invidia, um so mehr drängt sich die Zuflucht auf zu dem, was Plinius als den »Arzt der Mißgunst« personifiziert hat: Fascinus, der Phallus. »Fortuna gloriae carnifex« – das Glück ist der Henker des Ruhms, und die mißgünstigen Blicke sind niemals so hartnäckig wie gegen diejenigen, von denen man glaubt, oder die es von sich selber glauben, daß sie glücklich sind. Die übernatürlichen Kräfte, die im Schutzgott schlechthin erkennbar sind, gestatten allein der zweifelhaften Heimsuchung durch den Erfolg die Stirne zu bieten.

Der Phallus war nicht nur der übliche Beschützer der physischen Person und infolgedessen der auserkorene Glücksbringer derjenigen, die ihr Leben aufs Spiel setzen mußten – der Soldaten und der Gladiatoren. Man bat ihn auch, über die Erhaltung der beweglichen und unbeweglichen Habe zu wachen. Im Triklinium beseitigten die Stützen der Tische in Form von Hermaphroditen-Pfeilern, die einen Geschlechtsteil nackt zur Schau stellten, oder die Tischbeine, die als ithyphallische Genien geformt waren – die Verderbnis und die Schädlichkeit der Speisen, die man auf die Tische stellte. Im Cubiculum trieben die Lampen in Form von Phalli und ihre klingelnden Anhänger die bösen Mächte aus, die im Dunkeln der Nacht ihr Unwesen trieben. Dieser »obszöne« Zierat erstreckte seinen Schutz weit über das ganze Haus, indem sich im Inneren der Gemächer das Apotropaion wiederholte und vervielfachte, welches, gemalt oder gemeißelt, unmittelbar aus einem Mauerstein geschnitten, oder erhaben oder in Relief in das Mauerwerk eingefügt – wie oft, draußen in der Nähe der Tür beständig Wache hielt. Dort sind häufig Phalli mit Flügeln und Pfoten angebracht: jederzeit, so möchte man sagen, bereit, diejenigen zu verjagen, die sich in böser Absicht dem Hause nähern. Gegebenenfalls waren sie auch am Eingang der Häuser oder der Läden mit einer Inschrift verbunden, wie das berühmte Hic Habitat Felicitas an einer Bäckerei in Pompeji.

Man kennt eine große Zahl von Städten in Italien, deren

oben: Bacchanal, Wandbild in Neapel, Nationalmuseum.
unten: Elagabal auf seinem von Frauen gezogenen Wagen, Gemme in Paris, Bibliothèque Nationale (Klischee B. N.).

Stadtmauern gleichfalls prophylaktische Phalli trugen; dieser Brauch war auch in Afrika und in anderen Provinzen des römischen Imperiums verbreitet. So sehr erschien das Zeichen

Groteske, Bronzestatuetten in Neapel, Nationalmuseum.

Groteske, Bronzestatuetten in Neapel, Nationalmuseum.

heilsam für das Wohlergehen und die Unversehrtheit des einzelnen oder der Gruppen.

Es gibt in dieser vorbeugenden Bildkunst noch eine letzte Sonderform, die es wert ist, daß man bei ihr verweilt: ich denke an die Fußbodenmosaiken, auf denen der Phallus und die Vulva, besonders ersterer, oft als dekoratives Motiv verwendet ist, und auf denen die Ähnlichkeit, die für die Wirkung als Schutzmittel nötig ist, in Einklang gebracht ist mit einer der Technik angepaßten Stilisierung. In Italien, in Nordafrika und im Orient gibt es eine Anzahl gleichartiger Kompositionen. Ich habe oben schon auf ein Mosaik von Sousse angespielt, auf dem die Zeichnung des Phallus und die doppelte Zeichnung der Vulva in symmetrischer Anordnung miteinander verbunden sind, in materieller Hinsicht sind sie vereinigt durch den Strahl, der vom Phallus aus auf eine der beiden Vulvae sich ergießt. Häufig wird der Phallus zu einer Art von Fisch, bei dem dann die Eichel den Kopf bildet. Zwei gekreuzte oder einander gegenüber stehende Phalli, wo der eine über den anderen am Hodensack aufgepfropft ist, mögen beim ersten Blick einem einfachen geometrischen Spiel oder einem Fluß von verknoteten Bändern ähneln. Jedoch – aus der Nähe gesehen ist kein Irrtum möglich, und um die prophylaktische Bedeutung der Darstellung zu bestätigen, kommt auch manchmal das Auge vor, gegen welches die Pseudofische kämpfen, oder wohl auch einmal eine kurze, aber aufschlußreiche Inschrift, so: eine Aufforderung an den bösen Geist zu fliehen (EPPE), oder auch ein Willkommensgruß an die befreundeten Gäste in dem Sinne, daß das Symbol ebenso gut beschützt werde (KAI COI, KAI CY im Griechischen, ET TIBI im Lateinischen).

Ich denke, ich habe ausreichend gezeigt, wie unrecht man hätte, wollte man jedesmal auf ein Bordell schließen, wenn sich das phallische Emblem auf der Wand einer antiken Behausung erhebt, oder jedesmal an ein Haus mit päderastischen Zusammenkünften denken, wenn zwei verschlungene Phalli die Schwelle eines Vestibulums bezeichnen, allein beim Anblick der sehr »speziellen« Verzierungen an verschiedenen

Satyr beim Spiel, Bronzeteller in Neapel, Nationalmuseum.

Möbelstücken sich unzüchtige Ausschweifungen vorzustellen. Man darf sagen: diese Anhäufung von obszönen Motiven, diese Beharrlichkeit, männliche und weibliche Geschlechtsteile bildlich darzustellen (das Lateinische bezeichnet sie, wie wir bemerken möchten, mit dem Worte pudenda und das heißt Schamteile!) hat nichts zu tun mit einem perversen Exhibitionismus; es handelt sich um einen magischen Schutz gegen die invidia, gegen Behexung, gegen den bösen Blick.

Warum unter allen Amuletten das sexuelle Bild für das wirksamste galt, das zu erklären ist eine andere Frage. Man wird in der Beweisführung des Plutarch bezüglich der Behexung den Anteil der dem psychophysiologischen Mechanismus der Liebe entlehnten Beispiele bemerkt haben. Diese, von jedem einzelnen beobachteten Erfahrungstatsachen sind unzweifelhaft diejenigen, die die einfachen Gemüter am meisten in Erstaunen setzen und beunruhigen. In der volkstümlichen Auffassung ist die Integrität des menschlichen Wesens, die der böse Blick gefährden kann, in erster Linie die Integrität der geschlechtlichen Funktionen. Zu jeder Zeit und überall haben Magier und Hexen als hauptsächlichen Kundenkreis diejenigen gehabt, die mit den Fesseln des Fleisches ein anderes Wesen an sich ziehen, sich ihm ins Gedächtnis rufen oder es festhalten wollen, Kinder bekommen oder ihre Feinde in deren seelischen Regungen oder in ihrer Nachkommenschaft treffen wollen. Die am meisten gefragten »Zaubermittel« sind die »Liebeszauber«, und die elementarste Form der invidia ist die Eifersucht in der Liebe. Eine Beziehung zwischen dem gewöhnlich am meisten gefürchteten Aspekt der Behexung und der volkstümlichen Form ihres Gegenmittels ist zumindest wahrscheinlich. Das lateinische Wort fascinum bezeichnet schließlich gleichzeitig den bösen Blick (die Fascination) und den schützenden Phallus.

In dem Maße endlich, in dem der Aberglaube eine niedere Form des religiösen Glaubens ist, muß man sich klar werden über den Platz, den der Phalluskult einst in den Kulten Italiens eingenommen hat.

Priapi, Bronzestatuetten in Neapel, Nationalmuseum.

II

Den hellenistisch-römischen Flachreliefs, die man gewöhnlich als malerisch bezeichnet, sowie den Wandmalereien mit bäuerlichen Landschaften und idyllischen Motiven fehlen selten, hier und da eingestreut, rustikale Idole: aus einem Baumstamm geschnitzt, erkennt man ein bärtiges Haupt, außerdem in halber Höhe des Stammes ein monströses, aufgerichtetes Glied, das durch eine Rückwärtsbiegung der Gestalt weit nach vorn gereckt ist – magischer Schutz für Felder und Gehöfte, Bilder einer Gottheit auch, wovon manche Epigramme Zeugnis ablegen.

> »Wende dich zum Pfade, wo die Eichen stehen, Ziegenhirte; du wirst dort, kürzlich erst aus dem Holze des Feigenbaumes herausgeschnitzt, ein Standbild finden, ohne Beine – da liegt noch die Rinde – ohne Ohren, aber mit einem Glied ausgestattet, fähig, die Taten der Kypris zu vollbringen. Ein geweihter Bezirk umgibt es. ... Bitte den bezaubernden Priap – ... möge die Gottheit mit Wohlwollen zuhören.«
>
> *(Pseudo-Theokrit)*

Priapus, dessen ursprüngliche Kultstätte in Lampsakos lag, ist erst spät in die römische Religion gekommen. Zuerst trat er in Griechenland auf, wo seine Funktionen, analog denen des arkadischen Hermes, dazu beigetragen haben, die Form der Herme auszubilden, wie wir sie kennen: die Arme zu zwei kurzen Stümpfen verkümmert, ohne Beine, die einzigen ausgeformten Körperteile sind das Gesicht und das Glied. Das ist seine wahre Erscheinungsform, und selbst wenn manche Kunstwerke ihm eine menschlichere Erscheinung verleihen, so werden sie doch niemals unterlassen, den ithyphallischen Charakter des Gottes klar zu zeigen: die Erektion des Gliedes strafft das Gewebe seines Gewandes, oder es ist vom Leibe weggezogen in der Gebärde der Anasyrosis. Daß aber Priap

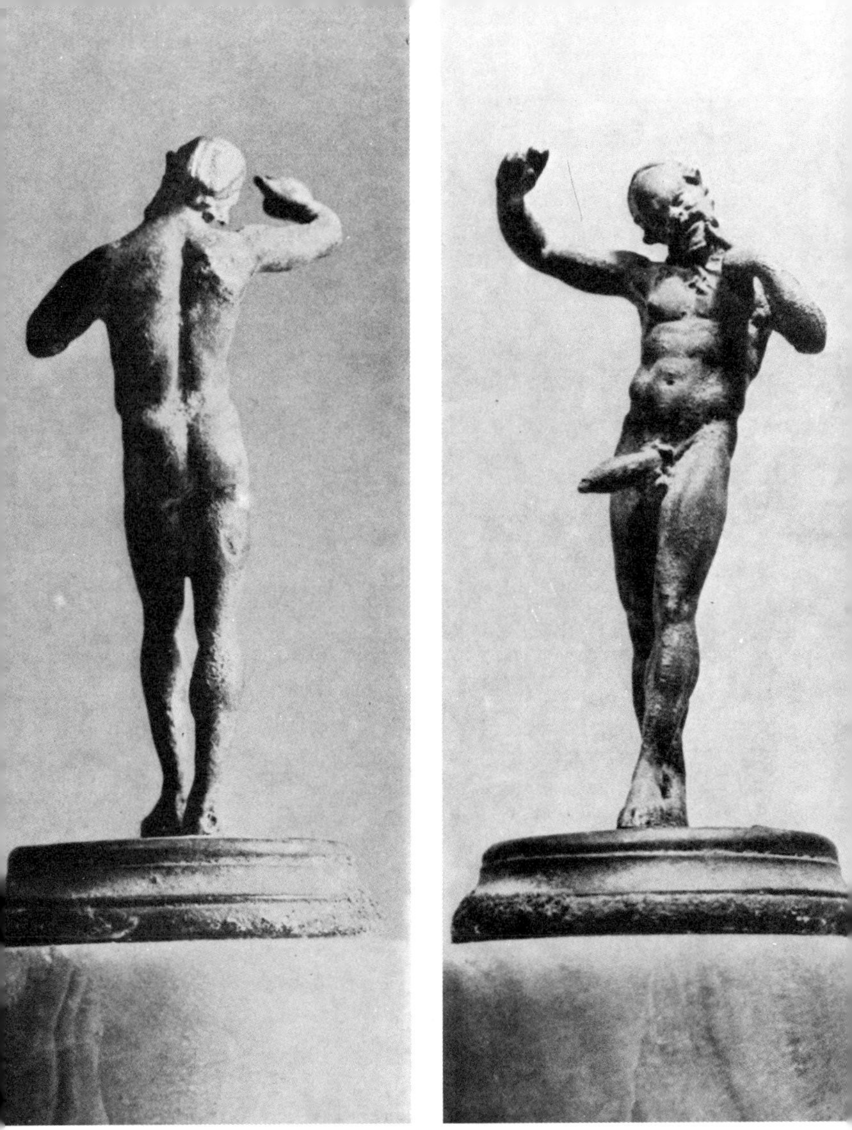

Nackter tanzender Priap, Bronzestatuetten in Neapel, Nationalmuseum.

bevorzugt in Italien übernommen worden ist, läßt sich gut begreifen, wenn wir durch die Texte hindurch die Existenz einer viel älteren italischen Phallus-Gottheit erkennen.

Der Name dieser Gottheit ist uns in den Formen Mutinus Titinus oder Tutinus und Mutunus Titunus überliefert. Wie dem auch sei – die Etymologie des ersten Wortbestandteiles ist offensichtlich: man erkennt die Wurzel muto, mutonium – männliches Glied; über Titinus, Titunus oder Tutinus ist eine gelehrte Kontroverse entbrannt; manche Gelehrte wollen darin eine alte Wurzel finden, die Männlichkeit bezeichnet (Virilität), andere wollen das Wort lieber vom Geschlechternamen der Titii oder Titinii herleiten und meinen, daß der fragliche Gott ursprünglich der Gott einer Sippe gewesen sei. Einerlei – dieses steht fest: das hohe Alter dieses Mutinus und sein phallischer Charakter. Man kennt von ihm ein Heiligtum in Veliae, das bis in die Anfänge von Rom zurückging. Hier vollzogen mit der Toga pretexta bekleidete Frauen Opferhandlungen. Ohne Zweifel handelt es sich um Bräute, die in ihren Mädchenkleidern kamen, um dort vor der Eheschließung einen Ritus auszuführen. Nach einer anderen Überlieferung mußte sich die Neuvermählte tatsächlich auf den Phallus des Gottes setzen und ihm auf diese Weise ihre Jungfräulichkeit anbieten, um fruchtbar zu werden, und um sich so dem Schutz der Geister zu unterstellen, die das hochzeitliche Lager bedrohen. Diese Gewohnheit war in der klassischen Zeit außer Gebrauch gekommen und unter Augustus wurde das Heiligtum von Veliae in eine Badeanlage umgewandelt. Priap hatte damit Mutinus verdrängt, aber die Erinnerung an die alten Bräuche dauerte fort bis in die Zeit der Kirchenväter, denn noch der Heilige Augustinus berichtet davon. Andererseits erwähnt Plinius einen Phallusgott (es ist der, den er Fascinus nennt), dessen Dienst die Vestalinnen versehen hätten. Mehrere Legenden stellen eine Verbindung zwischen dem Phallus und der Flamme des Herdes für übernatürliche Vorstellungen her; es scheint, daß diese Legenden ihre Wurzeln tief in den altetruskischen Boden hinabsenken.

In Italien wie in Griechenland, und das hat nichts Erstaun-

Die »Käsereibe«, Innenbild einer attischen rotfiguren Schale in Neapel, Nationalmuseum.

liches an sich, bestehen gewisse Berührungspunkte zwischen der Sexualität und dem Kult der Gottheiten, die die Fruchtbarkeit der Felder und der Menschen sichern. Liber nimmt

Oben und unten: Terrasigillata-Becher mit erotischen Szenen in Neapel, Nationalmuseum.

Symplegma, schwarzfigurige Amphora in Neapel, Nationalmuseum.

unter diesen einen hervorragenden Platz ein; daher wurde bei dem Feste der Liberalien ein Phallus in feierlichem Umzug auf einem Wagen über die Feldwege gefahren und dann durch die Stadt geführt. In Lavinium bildeten obszöne Reden das Vorspiel zur feierlichen Aufrichtung eines Phallus auf dem Forum, in dem dem Liber geweihten Monat, und eine Matrone kam alsbald, um ihn mit großem Pomp pro eventibus seminum zu bekränzen, wobei sie den Gott um gute Ernten bat. Diese heidnische Form der Bittgänge wird mit gutem Recht für lateinischen Ursprung gehalten. Faunus seinerseits scheint ein sehr alter Gott in Rom gewesen zu sein, seine Kultstätte befand sich in der Nähe des Palatins oder auf dem Palatin selbst. Als Beschützer der Herden und der Hirten mußte er eines Tages unter griechischem Einfluß mit Pan gleichgesetzt werden. Die Lupercalien scheinen aber dieser Verschmelzung vorausgegangen zu sein. Es hat auch der Teil des Festes, in dem die Luperken nackt um den Palatin herumliefen und dabei mit Riemen, die sie aus dem Fell einer soeben von ihnen geopferten Ziege geschnitten hatten, die Frauen, die sie auf ihrem Wege trafen, peitschten, einen nicht zu leugnenden erotischen Charakter. Unter der Geißelung wurden die Frauen fruchtbar, so sagte man, und die zügellosen Ausschweifungen, die diesen Vorgang begleiteten, sind nicht überraschend. Augustus wollte diesen Bräuchen ein gesitteteres Gebaren geben, daher schloß er die jungen, noch nicht mannbaren Leute von der Teilnahme aus und stellte Reiter in voller Rüstung entlang dem Wege der Läufer auf.

Schon vor der Einführung der orphischen, eleusinischen und dionysischen Mysterien in die römische Welt fehlte in Italien das Geschlechtliche in den Fruchtbarkeitsriten offensichtlich nicht. Das Eindringen der ägyptischen und orientalischen Religionen brauchte nur noch die Bedeutung der sexuellen Symbole im einzelnen aufzugliedern, um tiefer

Siegesgöttin mit Esel über dem Löwen, Wandbild in Neapel, Nationalmuseum.

einzudringen in die Geheimnisse des periodischen Wiederaufblühens der Pflanzen, der Vermehrung der Herden, der Aufeinanderfolge der Generationen, des Rhythmus des Weltalls und der Möglichkeiten für den Menschen, nach dem Tode zu einem besseren Leben wiedergeboren zu werden. Min, Bes, Horus, Sokar oder Hathor waren im ägyptischen Ritual, sowohl in ihrer menschlichen als auch in ihrer tierischen Form, ausdrücklich geschlechtlich bestimmt. Die Isis-Mysterien führten die Suche der Göttin nach dem zerstückelten Leichnam des Osiris bis zur Entdeckung seines noch immer von Zeugungskraft erfüllten Gliedes vor. Kybele, die »Große Mutter«, deren schwarzen Symbolstein im Jahre 204 vor Christi Geburt der Senat aus Pessinus holen ließ und für die auf dem Palatin ein Tempel errichtet wurde, besaß in sich selbst die Kräfte der Natur, die sie fruchtbar machte. Attis, der sich vom Wahnsinn befallen entmannte, erfreute sich in ihrer Nähe eines erneuten Lebens, auf das sich seine Anhän-

Ausgelassenes Treiben der Pygmäen in Nillandschaft, schwarzweiß-Mosaik in Neapel, Nationalmuseum.

Bei den Pygmäen, Wandbild in Neapel, Nationalmuseum.

ger in grausamen Mysterien vorbereiteten. Die Dea Syria des Janiculus, auch sie Göttin der Zeugung und der Fruchtbarkeit, bewahrte die Erinnerung an die gigantischen Phalli, die in ihrem Heiligtum in Hierapolis aufgerichtet waren. Die Artemis von Ephesos behielt auch in Italien ihren von Brüsten strotzenden Harnisch. Einweihungsriten, Vereinigungsriten, tatsächliche oder vorgetäuschte körperliche Vereinigungen behielten, mehr oder weniger geduldet, in den Zeremonien dieser Kulte einen ausgesuchten Platz; und während sie die Vorstellung von einer unerschöpflichen Zeugungskraft veranschaulichen, die Garantin ist für die Fortdauer des Daseins und des Lebens, eines Lebens, das schon in dieser Welt für den Gläubigen ein glücklicheres ist, und für den Eingeweihten ein höheres Leben ist über den Tod hinaus, begünstigten solche Begehungen eine Bildwelt, in der der Aberglaube der Masse ganz allgemein das unmittelbare und magische Heil-

mittel gegen Bedrohungen sah, die sie nicht kannte oder nicht zu kennzeichnen wagte.

Das Wissen von einer Beziehung zwischen der Liebe und dem Tode, zwischem dem Geschlecht und dem Grabe muß indessen in Italien zu einem sehr frühen Zeitpunkt vorhanden gewesen sein. Mit größter Wahrscheinlichkeit hat man vermutet, daß die römische bulla ein Erbe der Etrusker ist, und daß das von den römischen Feldherren am Tage ihres Triumphes getragene Amulett einst Bestandteil des Gewandes der etruskischen Könige war. Der Brauch, Phalli auf die Mauern der Städte zu meißeln, scheint ebenfalls von den Etruskern entlehnt zu sein, und das Symbol des Phallus findet sich bei ihnen auf Grabdenkmälern mit der Idee des Todes vereinigt.

Mögen nun die Etrusker eine Sitte, die einen bestimmten Glauben zum Ausdruck bringt, aus dem Orient mitgebracht haben, oder mögen sie diese aus dem Orient erhalten haben zu einer Zeit, als sie sich bereits in Italien niedergelassen hatten – in jedem Falle ist es erstaunlich, in ihren Nekropolen Embleme zu finden, die an die auf Gräbern errichteten Phalli erinnern, die es in Anatolien und insbesondere in Phrygien

Eros und Psyche, Marmorgruppe in Rom, Kapitolinisches Museum.

seit vorgriechischer Zeit gab. Die oben zugespitzten Säulen und die Grabcippen mit abgerundeter Endigung, die sie auf ihre Grabhügel stellten, sind als stilisierte Phalli zu deuten, desgleichen die Deckelverzierungen mancher Aschenurnen. Es ist nicht unbedingt sicher, daß der in Pola aufbewahrte steinerne Phallus, der auf einem rechteckigen Sockel steht, zu einem Grabe gehörte, aber das Grabmal von Albano, das Monument des Porsenna in Clusium sind schlecht zu widerlegende Zeugnisse. Ein Phallus kennzeichnet den Eingang zu einem Grabhügel in Castel d'Asso, und es muß angemerkt werden, daß, auch wenn das antike Sizilien, wie Etrurien, den Brauch gekannt zu haben scheint, phalloide Steine vor den Grüften aufzupflanzen, der Grabesphallus in Griechenland selbst nur sehr selten und sehr spät bezeugt ist. Allein die Grabherme ist in diesem Gebiet seit alters üblich; diese Grabherme hat sich in römischer Zeit zur Porträt-Herme weiterentwickelt, aber die priapische Darstellung ist immer ungewöhnlich geblieben.

Phallusdarstellungen begleiteten, häufig in größerer Anzahl, den Toten ins Grab. Man findet sie in den Gräbern Italiens vom Beginne der frühen Eisenzeit an; angeführt wird eine Grabstätte in Lukanien, in der nicht weniger als 20 Phalli aufgedeckt wurden. Diese Gegenstände sind offen gestanden für die antiken religiösen Vorstellungen weniger bezeichnend als die Form des auf dem Grabe aufgerichteten Zeichens: diese waren wohl oft nur die Amulette, die der Tote zu Lebzeiten getragen hatte, und dafür könnte man sogar Parallelfälle aus Griechenland anführen. Für das phallische, auf dem Grabe aufgerichtete Symbol aber ist die Fragestellung eine andere. Es ist leicht zu sagen, daß es sich einfach nur um die plastische und monumentale Interpretation eines aufragenden, gewöhnlichen Steines handelt, der dazu bestimmt sei, dem Vorübergehenden den Ort einer Bestattung anzuzeigen, wenn man daran erinnert, daß der Hermenpfeiler bei den Griechen keinen anderen Ursprung hat. Weniger leicht ist es zu erklären, warum man nun gerade die Beschwörung des Geschlechtlichen gewählt hat, das aufgerichtete männliche

Glied. Die Hypothese von Wilamowitz, nach der der Phallus die Gräber bezeichnete, in denen Männer ruhten, soll nicht verschwiegen werden. Aber man kennt kein Beispiel eines entsprechenden Symbols, das logischerweise unter diesen Umständen die Frauengräber hätte bezeichnen müssen. Man muß also doch an ein Apotropaion glauben? An einen magischen Schutz der Lebenden gegen die chthonischen, im Schoße der Erde eingeschlossenen Kräfte? An eine Sicherung gegen die begehrte Rückkehr der Seelen der Abgeschiedenen ans Licht des Tages, eine Rückkehr, vor der die Alten im allgemeinen die größte Furcht hatten? Diese Erklärung also scheint uns auch nicht befriedigend. Jedoch – soll man mir vorwerfen, daß ich einen allzu modernen Gedanken in die Antike übertrage: ich gehöre zu denen, die versucht sind, im Grabphallus das Symbol eines wiedererstehenden Lebens zu erkennen, das trotz des Todes oder vielmehr wegen des Todes aufersteht.

Mortis et vitae locus – diese Definition, die aus dem Grabe den gemeinsamen Ort des Lebens und des Todes macht, erscheint in einer Inschrift, die nicht hohen Alters ist. Dennoch glaube ich mit Herter, daß sie beachtet zu werden verdient. Ohne Zweifel versteht sie sich müheloser aus der Zeit heraus, wo dionysische und andere Heilsreligionen ihren Anhängern die Mittel versprachen, mit deren Hilfe sie durch den Tod hindurch zu einem erneuten, persönlichen Leben Zutritt haben, aus dem die Einweihung in die Mysterien ein Leben der Glückseligkeit machen mußte. Aber die Idee von der unbegrenzten Fruchtbarkeit der Mutter Erde ist sicherlich viel älter. Von daher stammt die Hoffnung im Herzen der Menschen, nicht allein in ihren Nachkommen weiterzuleben, sondern auch aus dem Schoß der Erde eine neue Lebenskraft zu schöpfen und im Grabe die Freuden einer wiedererlangten Geschlechtskraft zu kosten. Man kann gewiß nicht mit Si-

Vorhergehende Doppelseite:
Tanz, Wandbild in Tarquinia, Grab der Löwinnen.

»Malerisches« Marmorrelief in Neapel, Nationalmuseum.

Oben: Satyr und Nymphe, mehrfarbiges Mosaik in Neapel, Nationalmuseum.

Rechte Seite: Bacchantinnen und Pan, Wandbilder in Neapel, Nationalmuseum.

cherheit behaupten, daß dies genau die Vorstellung der Etrusker gewesen sei, aber ihre Bildkunst in den Gräbern gibt zumindest die Berechtigung, dies in Betracht zu ziehen. In der Mehrzahl der archaischen und klassischen Gräber spricht nichts vom Schmerz, nichts vom Abschied.

In den Grabkammern, deren Decke in Form eines schrägen Daches, deren falsche Gewölbe, deren Scheinarchitektur das Innere eines Hauses nachahmen, suggerieren uns die Malereien in lebhaften Farben durchaus ein Leben, und zwar ein gesteigertes Leben. Stilisiert in den Linien von Ranken und Palmetten erheben Pflanzen in seltsamen Gärten ihre verstreuten, hoch emporschießenden Stengel, man möchte sagen – in einem einzigen Trieb unter dem Drange eines frühlingshaften Saftes, noch knospend und schon blühend in ihren dichtbelaubten Zweigen. Rote oder blaue Vögel lassen sich hier nieder oder entfliegen dann unter Flügelrauschen, die Schleuder der Jäger herausfordernd; Delphine tummeln sich in den Wellen, die Pferde stampfen voller Ungeduld davonzulaufen; die großen Raubkatzen, kraftvolle männliche Tiere oder weibliche mit prallem Gesäuge zerreißen gierig ihre Beute.

An der Brust dieser brausenden und pochenden Natur, die von Lebenskraft überströmt wie am ersten Tage der Schöpfung, ist der Mensch dargestellt in der physischen Verschwendung einer instinktiven Aktivität, in der naiven Freude am Wettkampf, an der Musik und am Tanz oder im Rausch der Bankette. Muskulöse Leiber, dichtes Haupt- und Barthaar, saftige Weiblichkeit unter der Koketterie der buntgescheckten Kleidung, auf der die leuchtenden Farben sich abheben. Diese Menschen löschen ihren Durst am Leben wie am berauschenden Becher, den ihnen ein kleiner Mundschenk reicht, mit der Leidenschaft der Jugend und der Gesundheit. Sie tauchen, sie jagen, sie fischen, sie steigen zu Pferde oder lenken ihre Wagen in vollem Galopp, sie messen ihre Kräfte im Lauf oder im Ringen, sie springen zu den Rhythmen der Krotalen oder berauschen sich am schrillen Klang der Doppelflöte; sie erheitern ihr Gemüt in Erinnerung an die Taten

Große Grätsche, Marmorrelief in Neapel, Nationalmuseum.

ferner Helden oder beleben sich am Anblick roher Spiele. Aber wenn auch die Grausamkeit an ihren Belustigungen ihren Anteil hat, wenn auch das Blut im Zweikampf des Phersu mit seinem Widersacher fließt, die Rauheit ihrer Neigungen grenzt an eine überhebliche Vitalität, in der die Todesangst

Dionysische Szene, Wandbild in Neapel, Nationalmuseum.

ausgeschlossen zu sein scheint. Ein Tag wird kommen, wo hinter den plötzlich erstarrten etruskischen Zechern eine drohende Wolke aufzieht, wo das höhnische Grinsen des Charun die Musiker verstummen läßt, wo die Dämonen der Unterwelt ihre furchtbaren Gesichter zeigen werden; fantastische Visionen von Schreckgestalten werden eines Tages die Verwandlungen der Seele heraufbeschwören, wenn sie die Pforten des Inferno durchschritten hat. Im 6. und 5. Jahrhundert aber, scheint nichts die Gewißheit zu trüben, im Grabe ein Leben zu finden, das dem in dieser Welt gleicht, reicher nur und kraftvoller, köstlicher und leidenschaftlicher, ein Leben, das am Ende eine freie Entfaltung des Seins ermöglicht, dessen menschliches Vermögen die Idee wohl erkennen läßt, ihre Verwirklichung aber nicht zuläßt – das gesteigerte und gleichsam orgiastische Leben einer Wiedergeburt.

Man wird uns vielleicht entgegenhalten, daß diese etruskische Bildkunst, indem sie sich darauf beschränkt in einer intensiveren Weise die Leichenspiele und die Zeremonien wiederzugeben, welche die Leichenbegängnisse begleiteten, mit der magischen und religiösen Absicht, den Toten an diesen teilhaben zu lassen, nicht notwendig an eine Erneuerung des Lebens durch den Tod denken läßt. Noch ein letztes Festmahl, noch eine letzte Freude, ein Festmahl und eine Freude, die, auf den Wänden der Gruft in Gemälden festgehalten, ohne Ende sein werden, wie man hofft, die aber auch nicht das Rätsel der verschlossenen Pforte verschweigen, die im Grabe der Auguren zwei Männer symmetrisch einrahmen, eine Hand auf das Haupt gelegt, die andere Hand ausgestreckt; dies allein könnte der Sinn dieser Bilder sein. Man hat mehr als einmal die Bilder in den ägyptischen Mastabas verglichen; diese zielen darauf ab – indem sie die Tätigkeiten der Bauern und Handwerker im Bereiche des Verstorbenen verewigen, indem sie seine wohl gedeckte Tafel, seine bevorzugten Zerstreuungen zeigen, sein Wohlleben und alle die Ehren, deren er sich erfreute – ihm im Tode die Fortsetzung des gleichen Komforts, die gleichen Speisen, die gleichen Wonnen zu sichern.

Ich bin trotzdem nicht sicher, ob der Fall wirklich der gleiche ist. Zunächst: der »Realismus« der ägyptischen Grabgemälde und der »Realismus« der etruskischen Gemälde unterscheiden sich beträchtlich; der Bereich der Natur auf den

Tonmedaillons mit erotischen Motiven in den Museen von Arles, Nîmes, Lyon, Chalon-sur-Saône und Wien.

gemalten Szenen in den etruskischen Gräbern ist nicht die Landschaft der Arbeit und des Alltags; es ist vielmehr ein wunderbarer Garten, ein Paradies im eigentlichen Sinne, und die Geschehnisse, die sich dort abspielen, sind nicht die des täglichen Lebens. Das ist ein Fest, bei dem die Trinkgelage,

der Tanz, die Schaustellungen nach dem Vorbilde eines realen Festes gemalt sind, doch stärker noch und schöner, und kaum wird die Monotonie eines Rituals sichtbar. Daher kommt es, daß man wie oft den Eindruck hat, der rhythmische Ablauf des Festes münde nicht in der Grabkammer, sondern gehe von dort aus.

An der Stelle, wo das Grab der Auguren eine geschlossene Pforte darstellt, zeigt das Grab der Löwinnen in der Mitte der Rückwand einen großen girlandengeschmückten Krater, ein

Lyraspieler und ein Flötenspieler umrahmen ihn. Unmittelbar darunter öffnet sich eine kleine rechteckige Nische, ohne Zweifel dazu bestimmt, die die Asche des Toten enthaltende Urne aufzunehmen. Diese Bezugnahme kann nur gewollt sein, wie Pallotino hervorhebt. Es erscheint mir aber unmöglich, den Krater als die Urne selbst zu deuten, aus dem einfachen Grunde, weil eine lange Schöpfkelle seitlich hinter dem Flötenspieler hängt. Meines Erachtens handelt es sich nicht um das »Gefäß des Toten« sondern um das »Gefäß des Todes«; aus ihm wird die Trunkenheit geschöpft, die auf der Linken eine mit einem tutulus bedeckte Tänzerin beseelt, und auf der Rechten ein tanzendes Paar, und dann bemächtigt sie sich der Menschen auf den Langseiten des Raumes. Es gibt freilich auch Fälle, wo das Totenbett an einem bevorzugten Platz gemalt ist. In dem Grab des Toten ist der Verstorbene dort abgebildet und eine Frau beugt sich über ihn: »Beweinung« oder »Beschwörung«? Das Bild im sogenannten Grab des Totenbettes läßt mich zur zweiten Vermutung neigen, denn das Paradebett ist diesmal leer, wie wenn der Tote davon herabgestiegen sei, um sich auf einem der Bankettbetten neben einem Genossen oder besser noch neben einer Genossin auszustrecken. Übrigens stellen viele etruskische Urnen und Sarkophage den Toten beim Gastmahl dar, auf den Ellenbogen gestützt, und nicht auf seinem letzten Lager ruhend. Eine weibliche, zuweilen geflügelte Figur sitzt oft zu Füßen der Kline, wo man sonst die Frau zu Füßen des Gatten sitzen sieht. Das ist eine Lasa, ein Todesgenius, wir geben es zu. Aber ist es nicht auch gleichzeitig die Gemahlin von jenseits des Grabes, neben der der Tote zu den Freuden der Liebe wiedergeboren wird, zu einem neuen Dasein, das erhellt ist von immerwährenden Gastereien, von Tänzen und stürmischen Kämpfen?

Die Gemälde in den archaischen Gräbern und die Reliefs der Graburnen von Chiusi besitzen den fröhlichen Überschwang der Hochzeitsmähler, aber nicht den Klageton der Leichenbegängnisse, und der Gedanke an die Liebe ist weit davon entfernt darin ausgeschlossen zu sein. Das in dem soge-

Tonmedaillon mit erotischem Motiv in den Museen von Arles, Nîmes, Lyon, Chalon-sur-Saône und Wien.

nannten Grab mit dem Totenbett aufgestellte Paradebett trägt – hat man es genügend gewürdigt? – am Kopfende *zwei* Kissen, auf denen *zwei*, bisher ungedeutete Gegenstände ste-

Tonmedaillons mit erotischen Motiven in den Museen von Arles, Nîmes, Lyon, Chalon-sur-Saône und Wien.

hen: zwei weiße Kegel, in Spiralen gestreift und an der Basis von einem Blattkranz umschlossen. Dieses doppelte Symbol läßt mich an die rundplastisch gebildeten Ehepaare auf den großen Terrakottasarkophagen von Cerveteri denken. Irdische Ehepaare vereint bis in den Tod, nach einem vollendeten Greisenalter, der eine beim andern. Ich halte diese Bildkunst für viel weniger schwermütig und rührend, für viel leidenschaftlicher und sinnlicher als man es immer wieder behaup-

tet. Schließlich sind die Personen auf den Deckeln der Sarkophage in Boston keine kalten Figuren, und ihr gemeinsames Leichentuch ist nur ein Tuch. Das Totenbett wird so nicht nur zum Gastmahllager, sondern zum Brautbett. Überdies ist die Haltung der Speisenden oft doppeldeutig, sowohl auf den Malereien archaischer Gräber als auch auf den Urnenreliefs von Chiusi; und in dem Grab der Zweigespanne von Tarquinia spielen die »ungestümen Kinder«, die man unter den Tribünen sieht, auf denen die Zuschauer den Sportwettkämpfen beiwohnen, Spiele, deren Harmlosigkeit in meinen Augen problematisch bleibt. Kurz – wenn, zumindest im Höhepunkt dieser Epoche, die Erotik und der Tod und die mit den Gräbern verbundenen Vorstellungen der Etrusker nicht miteinander verknüpft gewesen wären, wenn in ihrer religiösen Gedankenwelt die Idee des Todes nicht mehr oder weniger mit der Hoffnung auf eine geschlechtliche Wiederbelebung verbunden gewesen wäre, dann kann ich nicht sehen, wie man den außergewöhnlichen Fries erklären soll, der die Rückwand in der ersten Kammer im Grab der Stiere schmückt.

Der Leser kennt ohne Zweifel das Hauptbild dieses Grabes, das wenig nach der Mitte des 6. Jahrhunderts vor Christi Geburt zu datieren ist. Es schildert jene Episode des Trojanischen Krieges, wo Achilleus, auf der Lauer liegend, Troilos, den jüngsten Sohn des Priamos, überrascht, als er an die Quelle kam seine Pferde zu tränken. Weniger aber weiß man,

Tonmedaillon mit erotischem Motiv in den Museen von Arles, Nîmes, Lyon, Charlon-sur-Saône und Wien.

daß auf dem schmalen Streifen darüber, auf dem links ein ruhender und rechts ein angreifender Stier abgebildet ist, zwei erotische Gruppen von einer schrecklichen Roheit sich den Blicken darbietet. Es ist wenig wahrscheinlich, daß derartige Übungen jemals auf dem Programm der Leichenspiele gestanden haben; ebenso wenig kann man eine willkürliche Fantasie des Malers annehmen, der mit der Ausschmückung des Grabes beauftragt war; aber die Nachbarschaft der Stiere, der rechte mit enormen Geschlechtsteilen ausgestattet, kann nicht zufällig sein: eine mystische Absicht ist nach meiner Meinung überaus wahrscheinlich.

III

Die Brutalität der Bilder in dem Grabe von Tarquinia, die Körperhaltung der Partner, beide männlichen Geschlechts, wie die braun-rote Körperfarbe beweist, und die bedeutungsvolle Nähe der Stiere gleichen die Sexualität des Menschen der Brunst der Tiere an. Bocksmänner und Pferdemänner, die Satyrn und die Silene des dionysischen Thiasos besitzen auch das Ungestüm der Hengste, und die griechische Bildkunst hat nicht gezögert, sie zu zeigen, wie sie Böcke oder Esel attackieren oder untereinander die Liebesspiele der Tiere nachahmen. Die Gegenwart des Dionysos inmitten die-

Tonmedaillon mit erotischem Motiv in den Museen von Arles, Nîmes, Lyon, Chalon-sur-Saône und Wien.

ser schamlosen Gesellen, wie es häufig auf den Vasenbildern vorkommt, rät davon ab, jeglichen religiösen Ursprung bei dieser Art vor Gemälden zu leugnen, deren Motive den Römern so sehr gefielen, besonders wenn sie in rundplastischer Technik ausgeführt waren. Es sind übrigens vor allem die Unternehmungen der Satyrn gegen die Nymphen, der Satyrn gegen die Hermaphroditen oder die Angriffe Pans auf Aphrodite, deren burleske und lockere Abenteuer in den seit dem Altertum berühmten Symplegmata die hellenistischen Bildhauer besonders gern in Marmor festgehalten haben, indem sie zumindest die Fiktion der mythologischen Begebenheit gewahrt haben. Die auf den Außenseiten und den Innenbildern attischer Schalen wiedergegebenen Szenen sind von einem anderen Realismus, das muß man zugeben. Die eigen-

Tonmedaillon mit erotischem Motiv in den Museen von Arles, Nîmes, Lyon, Chalon-sur-Saône und Wien.

Tonmedaillons mit erotischen Motiven in den Museen von Arles, Nîmes, Lyon, Chalon-sur-Saône und Wien.

tümlichen Freundschaftsbezeigungen der Epheben, die Zärtlichkeiten und Geschenke austauschen, die Zwanglosigkeit der Bankette, die von Hetären belebt werden, die Bedienung durch junge Mundschenke, die nackt zwischen den Liegebetten umhergehen, die verlockende Schönheit der Flötenspielerinnen mit ihren durchsichtigen Schleiern werden ohne mehr Hemmungen dargestellt als die Übelkeit nach den Exzessen des Trinkgelages, wenn die Stirn des Zechers nach der Stütze einer liebevollen Hand verlangt, oder als die Ent-

fesselung der Sinne, die auf die Symposia folgte, wenn die vom Weine erhitzten Paare sich ohne Zurückhaltung zärtlichen Vergnügungen hingaben.

Daß die Etrusker nicht weniger als die Griechen diese oft sehr kühnen Darstellungen von Liebesszenen in dieser dekorativen Kunst zu schätzen gewußt haben, bezeugt zur Genüge die große Anzahl der in dieser Art bemalten Vasen, die im 5. Jahrhundert aus Griechenland nach Italien ausgeführt wurden, und der Erfolg der plastischen Vasen und der Reliefvasen mit erotischen Motiven, die danach in der griechischen Welt zur Zeit des Hellenismus geschaffen wurden, findet seinen Widerhall in analogen Serien, die aus Betrieben der römischen Welt hervorgegangen sind. Bronzeappliken und

Tonmedaillon mit erotischem Motiv in den Museen von Arles, Nîmes, Lyon, Chalon-sur-Saône und Wien.

Lampenmedaillons greifen die gleichen Muster auf, und die römische Herkunft dieser Erzeugnisse offenbart sich fast nur in den lateinischen Inschriften, die das Verb chalo und futuo in verschiedenen Personen konjugieren, sowie in den Waffen, die zuweilen die Arme der »Gladiatoren der Liebe« beschweren. So mischt der Autor in dem Roman des Apuleius die griechischen Reminiszenzen und kriegerische Anspielungen miteinander, wenn er seine Helden bei der Unterhaltung vorstellt:

»Mitleid«, sagt Lucius, »zu Hilfe, beeile dich! Wie du siehst, sind meine Kräfte zu Beginn des Kampfes gespannt, den du mir ohne Proklamation der Petialen angekündigt hast. Sobald ich den ersten Pfeil des grausamen Cupido in mein Herz eindringen fühlte, habe auch ich meinen Bogen gespannt mit einer so energischen Anstrengung, daß nur wenig daran fehlte und der übermäßig gespannte Nerv zerreißt . . .«

Und Photis wird zuerst mit der Venus verglichen, die den Wellen entsteigt, »wie diese mit ihren Rosenfingern die glatte Reinheit ihres Schoßes beschattend«; sie ermutigt ihren Liebhaber mit folgenden Worten: »Zum Kampfe, zum Kampfe, und tapfer gehalten, denn für mich gibt es kein Zurückweichen, noch werde ich den Rücken wenden. Greife an, wenn du ein Mann bist, geradeaus und kämpfe Gesicht gegen Gesicht, greife ohne Schwäche an und triff tödlich, wie einer der sterben soll, die heutige Schlacht duldet keine Gnade . . .«

In dieser Art sprechend schließt der Erzähler: »Sie stieg aufs Bett, ließ sich langsam rittlings auf mich nieder, und indem sie ihren geschmeidigen Leib in schnellen Sprüngen und in lasziven Bewegungen rührte, teilte sie mir bis zur Sättigung die Gaben der Venus auf der Schaukel bis zu dem Augenblick zu, wo wir einander schweratmend in die Arme fielen, erschöpft, am Rande des Eifers, und die Glieder schlaff.«

Bronzeappliken und Lampenmedaillons sind im allgemeinen von einer nur mittelmäßigen technischen und künstlerischen Qualität; trotz einiger interessanter Details halten sie dem Vergleich mit den Gemälden nicht stand, die das lupanar schmückten, das in dem von G. Fiorelli geleiteten Ausgrabungen, kurz nach 1860, in Pompeji entdeckt wurde, Gemälde, wegen deren Derbheit der Zutritt zur Grabungsstelle untersagt wurde, deren Kühnheit ihnen aber dennoch mit einem Schlage Berühmtheit sicherte. Unbestreitbar handelt es sich hier um ein Haus der Prostitution: dies legten nicht allein das Motiv der Wandmalereien und der über der Tür angebrachte Phallus nahe, sondern vor allem die Anordnung der Räume, die Bauweise und die Wandinschriften. In der Regio VII, an der Ecke von zwei Gäßchen gelegen, umfaßte die Anlage, die sich zum Vestibül öffnete, eine Reihe von Kammern, in deren Inneren ein rechtwinklig gemauerter Block den größten Platz einnahm – ein steinernes Bett, dessen Härte und Kälte einstmals Schichten von Kissen gelindert haben; auf den Wänden verkündeten mit der Nadel eingeritzte Inschriften die besonderen Leistungen, deren Zeuge dieses Lager gewesen ist, und sie verewigten die Namen der Hetären und sie zählten lang und breit die Namen ihrer Kunden auf. Einige Sätze aus dem »Satiricon« würden genügen, um die einstige Belebtheit dieses Stadtviertels wieder lebendig werden zu lassen, seine schmutzigen Gassen und ihr nächtliches Gewimmel von alten Kupplerinnen und trüben Gestalten, die die Lebemänner führten, und die Betrunkenen zwischen den Plakaten und die nackten Dirnen. Es würden einige Verse des Juvenal genügen, um sich auf der Schwelle eines gleichartigen Zimmers Messalina vorzustellen, wie sie unter dem falschen Namen Lycisca ihre von einem goldenen Netz gehaltenen Brüste zeigt, ihren Leib zeigt, der Britannicus getragen, wie sie mit Liebkosungen die sich bietenden Kunden empfängt und Bezahlung fordert.

Die römischen Prostituierten fordern schon allein durch ihren Namen »meretrix« die Nachsicht der Nachwelt heraus. Es ist nicht die Rede davon, aus ihnen Priesterinnen eines Liebeskultes zu machen. Die griechischen Prostituierten nennen sich Hetären, und dieses Wort »Gefährtinnen« offenbart eine gewisse schamhafte Zurückhaltung, oder sie nennen sich auch Hierodulen (ein Ausdruck, der sich im heutigen Griechenland erhalten hat), das Wort ist nicht ohne eine gewisse Noblesse: es erinnert an die heilige Prostitution, an die Teilnahme dieser Frauen am Gottesdienst einer Aphrodite, einer zuweilen fremdartigen und fremden, doch von Achtung und Verehrung umgebenen. Man weiß ohne Zweifel recht gut, daß die Kurtisanen von Korinth sich ihre Reize bezahlen ließen – und teuer: non licet omnibus adire Corinthum! – aber die Trivialität des Wortes meretrix legt den Akzent zu sehr auf das Verdienen von Geld, das der Handel mit dem Körper nach der Tabelle der Tarife für Liebkosungen abwirft. Philosophen dürfen sich wundern, in Delphi, im Heiligtum des

Tonmedaillons mit erotischen Motiven in den Museen von Arles, Nîmes, Lyon, Chalon-sur-Saône und Wien.

Apollon, das Standbild der Phryne unter den Standbildern von Königen eingereiht zu sehen, »goldene Kurtisane unter den goldenen Monarchen«. Dieses Zurschaustellen von Reichtum durch ein Mädchen, desen »Sitzungen« im Atelier des Praxiteles nicht allein dem Vermögen gedient hatten, ent-

Tonmedaillon mit erotischem Motiv in den Museen von Arles, Nîmes, Lyon, Chalon-sur-Saône und Wien.

hält in jedem Falle ein Stück Frömmigkeit. Die deklarierte Habgier der römischen Prostituierten hingegen hat auf den ersten Blick etwas Gemeines an sich. Nach der Wortbedeutung »machten« die meretrices (quae corpore merent) ihren Körper »zu Geld«. Von den alten Römern wurden sie ganz einfach als ein natürliches Mittel betrachtet, die Ehre der Familie zu bewahren in einer Zeit, in der die Scheidungen in schlechtem Ansehen standen; sie haben es, wie es scheint, hingenommen, nichts anderes zu sein als ein organisches Mittel, die scheinbare Treue der Ehemänner und die Freiheit der Junggesellen zu schützen; sie nahmen es auf sich, so viel Geld als möglich zusammenzuraffen durch Kundenfang und Bestehlen von Klienten, die sie der Konkurrenz ihrer männlichen Kollegen streitig machten, die auf ihren elenden Betten ihre Geldbeutel und ihre Gesundheit ruinierten.

So wie sie das Satiricon schildert, sind die Weibsbilder unersättlich in ihren Bedürfnissen, schon von Kindheit an beginnen sie eine lasterhafte Laufbahn, und ein besonderes Vergnügen finden sie darin, Kinder zu einem liederlichen Lebenswandel zu verführen.

> Pannychis ist nicht älter als sieben oder acht Jahre. Was macht das?
>
> »Möge mich Juno mit ihrem Zorn verfolgen«, erklärt Quartilla, »wenn ich mich daran erinnere, jemals eine Jungfrau gewesen zu sein. Ich war noch ganz klein, als ich mir mit Knirpsen meines Alters die Zeit vertrieb, und wie die Jahre voranschritten, so habe ich mich mit größeren Jungen eingelassen, bis zu dem Alter, in dem ihr mich jetzt angelangt seht.« Daher stammt ohne Zweifel das Sprichwort: »Die ihn als Kalb getragen hat, kann ihn auch als Stier tragen« . . .
>
> Gitons Jugend reizt sie: »Das ist er, sagt sie, der sich morgen allerliebst abmühen wird, das Spiel zu unserem Vergnügen zu beginnen, denn heute will ich nach dem Sohne des Esels keineswegs etwas Gewöhnliches versuchen.«

Die Anspielungen des Petronius und des Juvenal auf gewisse perverse Neigungen zur Bestialität machen diese liebes-

Tonmedaillons mit erotischen Motiven in den Museen von Arles, Nîmes, Lyon, Chalon-sur-Saône und Wien.

tollen Weiber vollends widerlich; man erinnert sich dabei der anstößigen Passagen bei Apulejus, wo der in einen Esel verwandelte Lucius sich von einer Frau bedrängt sieht.

»Ich halte dich, wiederholte sie, ich halte dich, mein Täubchen, mein Spatz« . . . und »indem sie mich eng umklammerte, empfing sie mich ganz, ich sage ausdrücklich ganz. Und jedesmal, wenn ich, um sie zu schonen, eine Rückzugsbewegung andeutete, jedesmal näherte sie sich mit einer ungestümen Gewalt, ergriff mein Rückgrat, machte die Umarmung noch enger und preßte sich ganz an mich, derart, daß ich wahrhaftig glaubte, nicht mehr in der Lage zu sein, ihren Heißhunger zu stillen.«

Literarische Erfindung? Hoffen wir es! Aber gewisse Medaillons, eine Serie, die nichts anderes als realistisch ist, stellen just Frauen dar, die ihre Rückseite dem Bespringen durch einen auf den Hinterhufen aufgerichteten Vierfüßler darbieten. In jedem Falle sind die »Wölfinnen« des Satiricon für die Männer schreckliche Blutsaugerinnen bis aufs Mark, darauf versessen, ihre Beute zu verfolgen und nicht damit zufrieden, ihre Begierde durch Trunkenheit, durch laszive Schaustellungen und unsinnige Lüsternheiten zu verwirren, sie geißeln auch unerbittlich die Schwächen der Natur, nachdem sie die barbarischsten Aphrodisiaka durchprobiert haben, um durch Geißelung, durch Einreibung oder Einflößen von Drogen die Manneskraft ihrer Partner zu beleben.

Dennoch verdient sogar der Exzeß dieser von Petronius aufgezeichneten erotischen Verirrungen gewisser Einzelheiten wegen Beachtung. Tatsächlich sind die Megären des Romans nicht einfache meretrices, Bordellmädchen oder Professionelle auf eigene Rechnung: es sind Sektiererinnen des Priap. Es beginnt mit dem 15. Kapitel, als Enkolp, Ascylt und Giton, um die belebten Straßen zu vermeiden, wo neuerliche Schurkenstreiche ihnen Verdruß bereiten könnten, beim Anbruch der Nacht an einem öden Platze zwei verschleierten, leidlich eleganten Frauen begegnen, denen sie sogleich nachgehen. So kommen sie zu einem kleinen Heiligtume, aus dem

Merkur mit vielen Phalli, Bronzestatuette in Neapel, Nationalmuseum.

ein ungewöhnlicher Lärm dringt. Unvorsichtigerweise gehen sie hinein, und dort sehen sie eine Anzahl von Frauen, die wie Bacchantinnen in ihrer Rechten priapische Phalli schwingen; als die Frauen sie bemerken, stürzen sie mit lautem Schreien auf sie zu. Sie machen sich wieder davon; aber nachdem Quartilla sie getroffen hat, müssen sie erfahren, daß sie eine schwere Missetat begangen haben, »denn niemand hat ungestraft gesehen, was verboten ist«.

> »Ohne es absichtlich zu tun – so will ich es wenigstens noch glauben – habt ihr unsühnbares Verbrechen begangen. In dieser Nacht wurde ich selbst von einem solch unheilvollen Zittern geschüttelt, daß ich fürchtete, es sei ein Anfall von Tertianfieber. Ich suchte Genesung davon im Schlummer, und im Traum empfing ich den Befehl, euch überall zu suchen und die Krankheit durch ein besonderes Mittel zu heilen, das mir angegeben wurde. Was mich so stark beunruhigt, ist keineswegs, das Heilmittel zu finden ... Ich zittere davor, daß ihr, fortgerissen durch die Schrankenlosigkeit eures Alters, daß ihr, was ihr in der Priap-Kapelle gesehen habt, unter den Leuten verbreitet und in der Öffentlichkeit die Absichten der Götter enthüllt ... Ich bitte euch, ich flehe euch an, aus unseren nächtlichen Zeremonien keinen Scherz und kein Gespött zu machen und keinesfalls die Geheimnisse so vieler Jahre, die kaum tausend Menschen kennen, bekannt zu machen.«

Wenn, was dann folgt, einen so starken Charakter obszöner Raserei annimmt, dann geschieht es, weil jene Nacht »die Vigilie ist, die man dem Genius des Priap schuldig ist« (21. Kap.) und weil es sich im eigentlichen Sinne um eine Priapus-Feier handelt.

In der langen Erzählung innerhalb des Gastmahls des Trimalchio, einer erstaunlichen Sittensatire, findet sich der Name des Priap noch an mehreren Stellen. Auf dem Schiff, auf dem Enkolp und seine Gefährten sich eingeschifft haben, um in der Fremde Sicherheit zu suchen, wird Lycas vor ihrer Anwesenheit durch einen Traum gewarnt, in dem Priap ihm sagt: »Wisse, daß ich diesen Enkolp, den du suchst, selbst auf

More canum, Bronzegruppe in Neapel, Nationalmuseum.

dein Schiff geführt habe« (104. Kap.). Später, bei dem Abenteuer von Enkolp-Polyen mit Circe widersteht die Schwäche, die den jungen Mann trotz der aufreizenden Schönheit der Dame befällt, allen üblichen Wiederbelebungsmitteln. Die Dienerin Chrysis gibt ihm eine widerliche Hexe bei, deren Zaubersprüche und Anrufungen Priaps einen kurzfristigen Erfolg haben (131. Kap.); nach einem erneuten Fiasko kommt Enkolp selbst darauf, an den Gott ein großes Gebet in Versen zu richten (133. Kap.); und endlich ist es Oenothea, die Zauberpriesterin Priaps, die in ihrem elenden Loch, in dem die Heiligen Gänse frei herumlaufen, es durch unbeschreibliche Praktiken zustande bringen wird, dem erschöpften Geschlecht seine Stärke und Steifheit wiederzugeben (138. bis 140. Kap.). Das Satiricon ist gewissermaßen die burleske Geschichte von der Rache Priaps an den liederlichen Päderasten, die die Geheimnisse seines Kultes ausgespäht haben. Ohne Zweifel ist nichts von alledem ernst gemeint, aber unter der epischen Karikatur errät man einen Anteil von Wahrheit, die gleiche, die die heftige Entrüstung Juvenals hervorruft.

»Heutzutage sind die Mysterien der Guten Göttin bekannt: wenn die Flöte die Hüften der Frauen bewegt, wenn Trompete und Wein sich zusammenfinden, um anzufeuern die Mänaden des Priap, die ihre Haare wirbeln und Schreie ausstoßen, welche Raserei sich zu paaren ergreift dann von ihnen Besitz, mit welcher Stimme schreit ihr keuchendes Verlangen, welche Fluten alten Weines benetzen ihre Lenden und die Beine. Wetteifern wollen sie mit den Bordellmädchen, ein Kranz ist der Siegespreis, und Saufeia trägt den Preis der runden Hüften davon; aber selbst sie muß der Medullina für ihre wogenden Hüftbewegungen applaudieren. Man teilt die Palme unter die beiden Königinnen auf: ein Privileg gleichwertig dem der Geburt. Das ist kein Scherz, alles geschieht im Ernst; selbst der durch sein Alter eiskalte Sohn des Laomedon und Nestor wäre, trotz seines Leistenbruches, entflammt worden.« Und nun, da die Brunst nicht mehr zurückzuhalten, nur noch das pure Weibchen gegenwärtig ist, widerhallt ein einstimmiger Schrei in der ganzen Höhle: »Das ist die Stunde, die die Göttin erlaubt hat, wir wollen die Männer! Wenn der Liebhaber in seinem Bette liegt, läßt man ihm sagen, er solle seinen Mantel nehmen und herbeikommen; wenn der Liebhaber nicht da ist, berennt man die Sklaven; sind keine Sklaven da, ruft man einen Wasserträger herbei; wenn endlich alle

Liebespaar, Bronzehenkel in Neapel, Nationalmuseum.

Mittel versagen einen Mann zu finden, wird man nicht länger warten und sein Hinterteil einem Eselfüllen zum Bespringen anbieten. Möge es den Göttern gefallen, daß die alten Riten und die öffentlichen Kulte solchen Entweihungen entgangen wären.«

Was Juvenal hart geißelt, was Petronius temperamentvoll beschreibt, das ist die Unzucht der Großen und zugleich die Ausschweifung der Kleinen, ist der verallgemeinerte Aberglaube in einer unruhigen Zeit moralischer Verwirrungen, in der genug neue Religionen üppig ins Kraut schießen, um dem Laster eine trügerische Sicherheit zu verleihen. »Unser Stadtviertel ist so voller Schutzgottheiten, daß man dort leichter einen Gott findet als einen Menschen«, bemerkt Quartilla nebenbei. Die trivialsten körperlichen Mißgeschicke galten in diesem Stadtteil, »wo es die Frauen beinahe verstehen, den Mond herabsteigen zu lassen«, als Behexungen. In jedem Augenblick mischt sich die Magie ein, bei jeder Gelegenheit spricht man von Mysterien; und mit der gleichen Heuchelei, mit der besagte Philomene, »eine der ehrwürdigsten Damen«, ihre Kinder dem Eumolpus anvertraut und diese seiner Güte empfiehlt, damit sie aus seinem Munde weise Lehren sammeln können (vielleicht sogar eines Tages sein Erbe ernten), beeilt sich der Heilige, das sehr hübsche Mädchen flugs in die »pygesischen Mysterien« einzuweihen.

»Er hatte aber zu jedermann gesagt, daß er gichtkrank sei und lahme Lenden habe. Damit das Mädchen weiter an seine Lüge glauben sollte, bat er es, sich auf seine ›Güte‹ zu setzen, die ganz bereit war; dann befahl er dem Corax, unter das Bett zu schlüpfen, auf dem er selber lag, und, die Hände auf den Fußboden gestützt, seinen Herrn mit seinen Hüften in Schwingung zu versetzen. Er befolgte gefügig seinen Befehl und antwortete in Kadenzen dem geschickten Werk des jungen Mädchens. Als der Augenblick der Freude nahe war, forderte Eumolp mit lauter Stimme den Corax auf, die Bewegung zu beschleunigen. So schien der Greis zwischen dem bezahlten Diener und seiner Freundin Schaukel zu spielen.«

Große Grätsche, Wandbild in Neapel, Nationalmuseum.

Man hat verstanden, von welcher Art die pygesiaca sacra sind, die Eumolp vollzieht; die stillschweigende Bezugnahme auf den Kult der Venus Kallipygos ist hier ebenso parodistisch wie die Anspielung auf das Urteil des Paris in dem erotischen Epigramm des Rufinus:

»Ich habe ganz alleine einen Hinterteil-Wettbewerb zwischen drei Schönen entschieden; sie hatten mich zum Schiedsrichter erkoren, und sie zeigten mir die betörende Nacktheit ihres Leibes. Bei der ersten sah ich den Glanz und die Lieblichkeit ihres Hinteren mit den runden Grübchen erblühen; die zweite stellte die Beine auseinander und ihr schneeweißes Fleisch nahm eine Tönung an, rosiger als die Purpurrose; die dritte hingegen verharrte wie die Unbeweglichkeit eines ruhigen Meeres, nur leichte Wellen kräuselten die zarte Haut, bewegt von unwillkürlichem Zittern. Wenn der Preisrichter der Göttinnen *diese* Hinterteile gesehen hätte, würde er deren gar nicht mehr haben betrachten wollen.«

Wer in Rom nicht dem Glauben der orientalischen Religionen beitrat und nicht in ihren Geist eindrang (das Gebet an Isis Regina Caeli bei Apulejus ist eine wunderbare Litanei und die Geschichte der Psyche ein großartiges mystisches Gedicht), für wen in Rom die herkömmliche Religion dem Geiste und dem Herzen nicht mehr die tieferen Gründe des Glaubens und der Hoffnungen darbot, dem konnte offensichtlich die animalische Sinnenlust nicht genügen, um die menschliche Situation erträglich zu machen – so frenetisch sie auch gewesen sein mag und vielfältig in ihren Bräuchen. Mit dem nüchternen Auge des Autors des Satiricon gesehen muß man, wenn die priapischen Mysterien sich auf obszöne Manipulationen und auf einen niederträchtigen Schwindel beschränkten, vom Bordell in Pompeji nur das Lager aus Stein im Gedächtnis behalten, auf dem sich die Mädchen hingaben, und den armseligen Korb, der noch verkohlte Bohnen und Zwiebeln enthielt, als ihn die Ausgräber entdeckten. Da sind aber auch die Malereien; so zügellos sie auch sein mögen, ihre Schönheit zeugt von einem Denken, das die vulgäre Erotik ins Transzendente hebt, um zu einer Kunst zu lieben zu gelangen, selbst wenn es darauf verzichtet, in der Sexualität ein übernatürliches Gesetz zu suchen.

IV

Ich will es wagen, diese Malereien mit einem bestimmten Gedicht aus der lateinischen Anthologie, das mit Recht »Die Entschädigung« heißt, zu vergleichen.

> »Sei es mir vergönnt zu lieben, wenn es mir nicht vergönnt ist zu besitzen. Mögen andere genießen, ich hindere sie nicht daran, ich bin nicht neidisch: denn die Glücklichen zu beneiden heißt sich selber quälen. Venus krönt die Flamme derer, die sie geliebt hat. Cupido aber, der uns das Verlangen einflößt, verweigert uns den Besitz. Mögen die anderen Purpurküsse pflücken und Rosenlippen durch einen milden Biß verletzen; mögen sie ihren Mund auf unschuldige Schläfen und Wangen drücken und auf zwei Augen, die wie kleine Edelsteine glänzen; mehr noch, wenn ihre schmiegsamen Leiber auf weichem Lager vereint sind, wenn ihre Brüste durch die Leimrute der Venus zusammengewachsen sind, wenn das Verlangen sie zu einem wollüstigen Drang fortreißt, mögen sie die Schenkel einer atemlosen Frau, die brummelt und kleine Schreie ausstößt, ausbreiten um der Venus zu genügen; ich heiße es gut, daß sie ihren Busen streicheln, daß sie ihn fest drücken, daß sie immer aufs neue Furchen ziehen in dem Venusfelde, daß sie ihren Thyrsos in das Cupidogärtchen pflanzen, daß sie ihn immer wieder einpflanzen mit verdrehten Augen, und daß sie, wenn ihr Lauf schließlich wieder festen Fuß gefaßt hat, Venus und ihr Atem ein wenig müde geworden sind, den milden Tau des weißen Schnees zerfließen lassen. Mögen sie dies tun, sie, die Venus nicht mit dem bösen Blick ansieht. Mir aber – nichtiger Genuß! – möge es wenigstens vergönnt sein zu lieben, wenn es mir nicht vergönnt ist zu besitzen.«

Gegenüber dem bisweilen abstoßenden Realismus des Satiricon überrascht die Anmut dieser Verse ebenso wie die Nachbarschaft der Fresken zu der allzu konkreten Tatsächlichkeit des Lagers der Prostitution. Ihre präzise Sinnlichkeit geht weit, nicht weniger als die Sachlichkeit der Stellungen, die die Künstler vergegenwärtigen wollten. Die wehmütige Wiederkehr des Verses Amare liceat si potiri non licet (es sei mir vergönnt zu lieben, wenn es mir nicht vergönnt ist zu besitzen) verleiht den Versen eine andere Resonanz, so wie die Farben und der Pinselstrich des Malers die Figuren in eine andere Welt versetzt. Die Sprache des Dichters benutzt längst geschaffene Ausdrucksformen, sowie die erotischen Gemälde gewiß ältere Vorbilder wiedergeben; überdies trägt das Gedicht den Untertitel »ex Menandro«, »nach Menander« und die Liebesgruppen von Pompeji sind sehr wahrscheinlich nach griechischen Originalen ausgeführt.

Was ist daran erstaunlich, daß alles auf der gleichen Stufe steht? Wenn man schon die religiöse Deutung der Sexualität ablehnt – wo soll man dann eine höhere Philosophie der Liebe finden wenn nicht bei den Griechen? Eine bezauberndere Ästhetik der Liebe als bei den alexandrinischen Schriftstellern? Eine ergreifendere Malerei der Liebe als in der griechischen Kunst? Es ist leicht zu verkünden: »Verachte überseeische Sitten, sie haben tausend Verstellungen, niemand in der Welt lebt ehrenhafter als ein römischer Bürger. Ja, ich würde einen einzigen Cato dreihundert Sokratessen vorziehen.« Doch – wie sollte man sich dem Reiz einer verfeinerten, geistreichen, liebenswerten und ungezwungenen Zivilisation entziehen, die in ihrer Niederlage ihren Besieger so glänzend bezwungen hat? Man könnte sich über die Graeculi lustig machen: ihre bezwingende Intelligenz, ihr Wissen von der menschlichen Seele, die instinktive Sicherheit ihres Geschmacks, der genau weiß, wo das Zuviel beginnt, sicherte ihnen in so vielen Bereichen eine so große Überlegenheit. Eu-

Rechts oben: Entdeckung der Schönheit, Wandbild in Neapel, Nationalmuseum.

Rechts unten:
Pan und Nymphe, Wandbild in Neapel, Nationalmuseum.

molp, verkommener und auf Abwege geratener Literat, bleibt, wenn er von Dichtung oder von Kunst spricht, Schüler des griechischen Geistes; selbst Enkolp, der seine Langeweile unter einer Säulenhalle spazierenführt, ist von den Malereien fasziniert, die zufälligerweise griechische Werke sind.

> »Bewunderungswürdige Gemälde! Ich habe welche von der Hand des Zeuxis gesehen, über die der Zahn der Zeit noch nicht triumphiert hat, und ich begegnete nicht ohne Erschauern den Entwürfen des Protogenes, die an Natürlichkeit selbst mit der Natur wetteifern. Ich betete auch eine Göttin des Apelles an, die die Griechen Monokneme nennen; die Umrisse der Gestalten waren mit so viel Leben und Echtheit gezeichnet, daß man hätte glauben können, der Maler habe das Geheimnis gefunden, sie mit Leben zu erfüllen. Hier trug ein Adler einen Gott zum Himmel empor; dort trat ein reiner Hylas einer schamlosen Najade entgegen; Apoll verfluchte seine Mordhand und schmückte seine entspannte Leier mit einer eben erblühten Blume. Inmitten dieser Gestalten, wo Liebende gemalt waren, rief ich aus, als ob ich alleine wäre: so also erreichte die Liebe selbst die Götter . . .«

Man weiß, wie sehr das Leben der Reichen in Pompeji hellenisiert war, wie sehr der Luxus, mit dem sie sich umgaben, griechisch war. Ebenso wie die begehrtesten Kurtisanen Griechinnen waren, ebenso ist es kaum zweifelhaft, daß die wiedergefundenen Gemälde – die des Lupanar wie die sehr ähnlichen in den Privathäusern – griechischen oder hellenisierten Künstlern in Auftrag gegeben worden waren, die in der Lage waren, von den menschlichen Liebschaften eine den göttlichen Liebschaften der Mythologie würdige Vorstellung zu vermitteln, wäre es auch nur zur Illustrierung der Verse der Ars Amatoria des Ovid.

Das ist gewiß eine anrüchige Kunst, aber es ist immerhin Kunst, eine Kunst, die über einen letzten Kanal von der großen Kunst und ihrer Inspiration herkommt.

Von den steatopygen Statuetten der Vorgeschichte, den Kykladen-Idolen, bei denen die weibliche Scham als ein ein-

Verlangen, Wandbild in Neapel, Nationalmuseum.

geschnittenes Dreieck wiedergegeben ist, und von den primitiven, in ihrem Wesen phallischen Hermen bis zu den schönen Göttern des Phidias waren die Errungenschaften der

Beiderseitige Freuden, Wandbild in Neapel, Nationalmuseum.

Beiderseitige Freuden, Wandbild in Neapel, Nationalmuseum.

griechischen Kunst, jeder gesteht es zu, geistige Errungenschaften. Der Höhepunkt dieser Entwicklung trat ein, als die herrlichen Darstellungen der vermenschlichten Götter und die, wenn man so sagen darf, einer sublimierten Menschlichkeit sich nur durch das materielle Merkmal der göttlichen Attribute unterschieden; um der Idee des Göttlichen eine fühlbare Unterstützung zu geben, hatten die Meister der Klassik die Form des vollkommenen Menschen gewählt und das Menschliche transzendiert durch das Schöne.

Sehr bald jedoch trat das Bedürfnis zutage, sogar auf dem Gebiete der Religion – den Göttern eine weniger abstrakte Majestät zu verleihen; und schon das 4. Jahrhundert v. Chr., das Jahrhundert des Praxiteles, verschaffte der Empfindsamkeit einen bevorzugten Platz. Die hilfsbereiten Mächte, an die sich das feierliche Gebet der Menschen wendet, erschienen in Traumbildern, um das Geheimnis ihres Lächelns und die Poesie ihrer unbestimmten Grazie zu offenbaren. Aphrodite bot sich zunächst in teilweiser, später in vollkommener Nacktheit den Blicken dar und schenkte die Verheißung ihrer verwirrenden Anmut. Hermes, der das Kind Dionysos zu den Nymphen von Nysa trug, wurde das stärkende Gleichnis des Seelenheils für die Einweihung. Noch religiöse Inspiration und gewollte Transponierung. Indessen erkennt das lebende Modell sich immer besser in den Kunstwerken wieder. Die Huldigung, die man dem göttlichen Funken darbrachte, der in den Denkern und Philosophen wohnt, bildete das Vorspiel zu anderen Geschenken.

Die hellenistische Kunst, eine Epoche des Skeptizismus und der Unruhe, mußte in der Tat eine Verlagerung vom Geistigen auf das bloße Formale anerkennen; die Konzeption des Schönen wurde immer sinnlicher und die Konzeption des Großen immer emphatischer. Das Gleichnishafte verschwindet aus dem Blickfeld, übrig bleibt nur noch das Anekdotische. Die Erscheinung ist nicht mehr das Merkmal einer hö-

Voluptas, Wandbild in Neapel, Nationalmuseum.

Beiderseitige Freuden, Wandbild in Neapel, Nationalmuseum.

Die Schaukel, Wandbild in Neapel, Nationalmuseum.

heren Realität: sie wird zur einzig wahrnehmbaren Wirklichkeit; und es liegt in der unmittelbaren Erfahrung der menschlichen Natur, daß man schließlich dahin gelangt, die unmittelbare Wahrnehmung des Göttlichen zu fordern. Auf den Buchstaben beschränkt, ist die überlieferte Mythologie nur noch eine Sammlung romanhafter Histörchen, bisweilen unterhaltsam und angenehm scherzhaft, denn der galanten Abenteuer gibt es viele darin. In den Erzählungen, die von Göttern und Göttinnen berichten, die zur Erde herabsteigen und nicht nur Nymphen sondern auch sterbliche Frauen und Knaben entführen, kümmert man sich kaum noch darum, ob sich dahinter ein Symbol verbirgt, ob die gewissen Auserwählten gewährte Unsterblichkeit eine Gnade ist oder nicht, ob die Entführung einer Entrückung vergleichbar ist oder nicht. Meist behält man nur die Liebesglut der Olympier im Gedächtnis und ihre Indifferenz in punkto Knaben und Mädchen, und man belächelt ihre Seitensprünge. Nach der naiven Bildkunst der frühen Vasenmaler, nach den mehr intellektuellen Epiphanien des 4. Jahrhunderts haben die Darstellungen der Götter- und Heldensagen die Neigung, einfach zum Vorwand für liebenswürdige oder lockere Bilder zu werden, deren technisches Geschick und Qualität vor allem den Wert bestimmen.

Nun, gegenüber den alten Göttern bieten die von der Dichtkunst, vom Theater und von der Philosophie ausgehenden Allegorien der Kunst einen dürftigen Stoff: der Pothos des Skopas, ja auch die Musen, eignen sich wenig zu Variationen. Dagegen verkörpern sich die Schönheit und die Liebe in immer mehr zu Frauen werdenden Aphroditen, in immer mehr zu kleinen Jungen werdenden Eroten.Die Dionysosreligion ruft Scharen von Bacchen hervor, auch diese kindlich, und die Teilnehmer am Thiasos, die sich immer mehr den Genien der Natur angleichen, werden andrerseits immer mehr als Bilder von Bauern verstanden, oder auch als Träume, die ihre Einbildungskraft heimsuchen. In der alexandrinischen Kunst durchdringt sich der Kreis der Aphrodite mit dem dionysischen Kreis in einem Naturalismus, dessen Präzision zu-

Priap bei den Pygmäen, Wandbild in Neapel, Nationalmuseum.

sehends wächst. Der zweigeschlechtliche Hermaphrodit vereinigt weniger die beiden abstrakten Prinzipien der Schöpfung, als das er die erotischen Wünsche zusammenfaßt und die »Dämonin des Mittags«, die man auf einem Gipsmodell von Bergamo sowie auf einem Relief der Sammlung

Fröhner sieht, wie sie im Schlummer einen im Schatten eines Baumes ausgestreckten Silen besucht, hat von der Sirene nur die Flügel und die Krallen: in allem übrigen ist sie eine Frau; die Haltung, in der sie über dem aufgerichteten Glied des »Schläfers« hockt, hat ihre Entsprechungen in verschiedenen, rein menschlichen Bildern unsere pompejanischen Fresken. Die Gruppe entgeht der Pornographie durch die Unkörperlichkeit der Szene, in der die konkreten Details sich mit der Irrealität der Personen vermischt. Daraus erklärt sich nicht weniger die Kühnheit der Malereien von Pompeji, die, durch die Implicite-Bezugnahme auf derartige Kompositionen, sich, wenn nicht auf einen Glauben so doch auf eine Ästhetik berufen können; sie beschränken sich darauf, in menschlichen Ausdrucksformen eine sinnliche Liebe zu verwirklichen, die die Götter selbst und ihre Gefährten nicht verachtet hatten.

In dieser Hinsicht ist die erotische Bildkunst von Pompeji weniger skandalös und weniger tiefstehend, als man glauben möchte, und man begreift nun eher, daß sie auch in die Privathäuser hat eindringen können. Was sie zeigt, ist kein Bordellmädchen, das seinem Kunden Freude bereitet, sondern es ist der Mann und die Frau, die aneinander Gefallen finden in der Verzückung ihrer Schönheit und der instinktiven Befreiung ihrer Schamhaftigkeit, eine göttliche Trunkenheit.

> »Das Vergnügen, das man im Koitus findet, ist widerlich und kurz, und der Ekel folgt dem Akt der Venus nach. Fallen wir doch dabei nicht übereinander her wie brünstige Tiere, blindwütig und in einem Zuge, denn dann erlischt die Liebe und die Flamme stirbt. Vielmehr jedoch – vielmehr – feiern wir ein Fest ohne Ende, bedecken wir uns mit Küssen und bleiben wir immer beisammen liegen! Keine Müdigkeit mehr und keine Schande! Diese Sinnenlust hat uns gefallen, gefällt uns und wird uns noch lange gefallen. Sie verringert sich nicht und erneuert sich ständig.« (Petronius)

Vorhergehende Doppelseite:
Dionysische Szenen, Wandgemälde in der Villa der Mysterien in Pompeji.

Ausgelassenes Liebestreiben, Wandbild in Neapel, Nationalmuseum.

Man hat, so scheint es, auf den Wänden von Pompeji Zitate aus der Liebeskunst Ovids entziffert. Das ist in jedem Falle ein Text, den man gegenwärtig haben muß, um die erotischen Fresken von Pompeji, so glaube ich, in ihrem wirklichen Sinne zu verstehen. Die »Liebeskunst« ist weder ein Lehrgang in Anatomie noch einer in sexueller Physiologie; er ist auch nicht, wie man es heute nennen würde, ein Lehrgang in sexueller Erziehung. Es ist ein Handbuch der Liebesverführung – und das ist eine ganz andere Sache – welche der Psychologie breitesten Raum einräumt. Ein Handbuch der Verführung, das demjenigen oder derjenigen, die sich danach richtet, gestattet, für den Gegenstand seiner Sehnsucht zu einem Gott oder zu einer Göttin zu werden. Alle mythologischen Erinnerungen, die das Buch enthält, schließen diese Absicht stillschweigend ein. Ein Handbuch der Verführung, das, indem es die leichte Zuflucht zur brutalen Gewalt und die Trivialität des Feilschens ausschließt, nach dem vollständigen Besitz, nach der Eroberung der Seele und des Herzens nicht weniger strebt als nach der Eroberung des Leibes. Ein Handbuch der Verführung endlich, aufmerksam darauf bedacht, dem Vulgären und dem Gemeinen auszuweichen, aus der Liebe angesichts des Hauptwerkes eine Kunst macht: die beiderseitige, intensive und in der diskreten Intimität der Kammer fortgesetzte Lust.

> »Ich hasse die Umarmungen, in denen der eine dem anderen sich nicht hingibt (deshalb finde ich auch wenig Reiz darin, Knaben zu lieben). Ich hasse die Frau, die sich hingibt, weil sie sich hingeben muß, und die, weil sie nichts empfindet, nur an ihre Trikotage denkt. Das Vergnügen, das man mir aus Pflicht gewährt, ist mir nicht angenehm; ich mag nicht die Pflicht bei einer Frau. Ich will Worte hören, die die Freude

Links oben: Im Lupanar, Wandbild in Neapel, Nationalmuseum.

Links unten: Reitkunst, Wandbild in Neapel, Nationalmuseum.

Ausgelassenes Liebestreiben, Wandbild in Neapel, Nationalmuseum.

ausdrücken, die sie empfindet, und die mich auffordern, weniger rasch voranzuschreiten und mich zu mäßigen. Ich liebe es, die ersterbenden Augen einer Gebieterin zu sehen, die ohnmächtig wird, und die, erschöpft, für lange Zeit nicht mehr will, daß man sie berühre.«

Liebe auf dem Lande, Wandbild in Neapel, Nationalmuseum.

Wohlverstanden, dieses Lehrbuch ist genau genommen unmoralisch, und man kann im Ernst die Methoden verurteilen, die Ovid den Liebenden aufzählt, um zum Ziel zu gelangen: die Bestechung einer Dienerin, die schönen Worte, die heuchlerischen Lobreden, die betrügerischen Versprechungen, die Koketterie, die wenig harmlosen Lockmittel der Verstellungskunst und die selbstsüchtigen Gefälligkeiten; alle Kunstgriffe sind erlaubt, ja empfohlen. Aber die Finessen der Analyse, die Eleganz des Ausdruckes, der Geschmack des Ästheten, der die Vorschriften diktiert: für die Bekleidung, für den Wortschatz, für das gute Benehmen in der Öffentlichkeit, für die notwendige Verschwiegenheit oder für die Körperpflege (die Bemerkungen über die Stimme lassen die Empfindsamkeit des Künstlers erkennen), ferner die Vorschriften über den Gang oder die Bildung, die als unerläßliche Ergänzung der Schönheit gilt, alles dies gibt dem Werk einen betörenden Charme. Man kann sich nicht einmal über heikelste Seiten entrüsten, so sehr lindert die Delikatesse des Ausdrucks die Schamlosigkeit.

»Sieh her, Mitschuldige, wie ein Lager zwei Liebende aufgenommen hat und wie das Spiel der Hände beginnt . . . In dieser Weise machte der sehr tapfere Hektor im Hinblick auf Andromache zuerst davon Gebrauch, und er war nicht nur in den Gefechten tüchtig. In dieser Weise machte auch der große Achill gegenüber seiner Gefangenen aus Lyrnessos Gebrauch, als er, vom Kriege ermüdet, auf einem weichen Lager ruhte. Diese Hände, Briseis, du duldetest ihre Berührung, wiewohl sie immer mit phrygischem Blute gefärbt waren. Oder aber, Wollüstige, was dir gefiel, war es nicht dies: diese siegreichen Hände auf deinen Gliedern zu fühlen? Glaube mir, man muß das Ziel der Wollust nicht verachten, aber man muß unmerklich an dieses Ziel gelangen, mit Verzögerungen. Wenn du die Stelle gefunden hast, die die Frau gerne geliebkost fühlt, dann soll die Scham dich nicht hindern, sie zu liebkosen. Du wirst die Augen deiner Geliebten in einem flimmernden Glanze strahlen sehen, wie es oft den Sonnenstrahlen geschieht, wenn sie vom durchsichtigen Wasser

Phalli mit Klingeln, Bronzegerät in Neapel, Nationalmuseum.

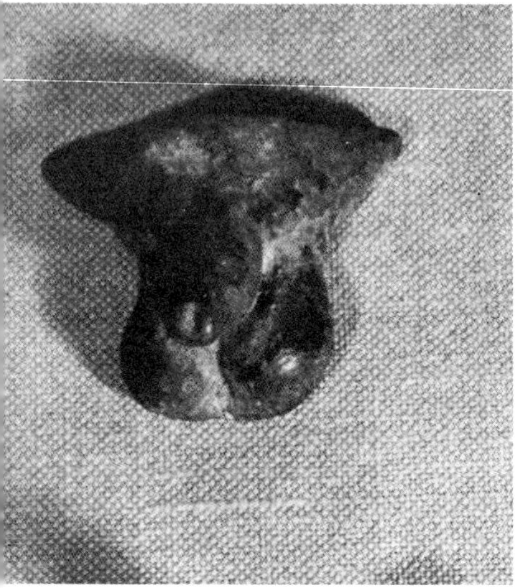

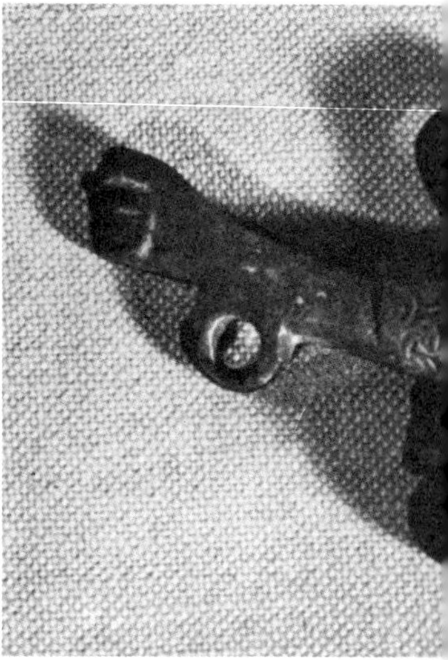

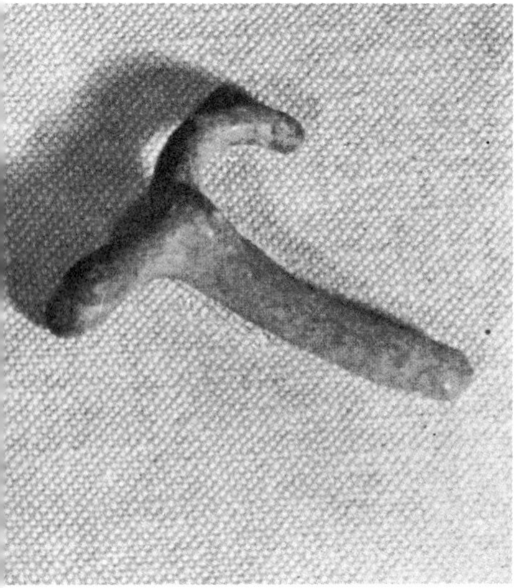

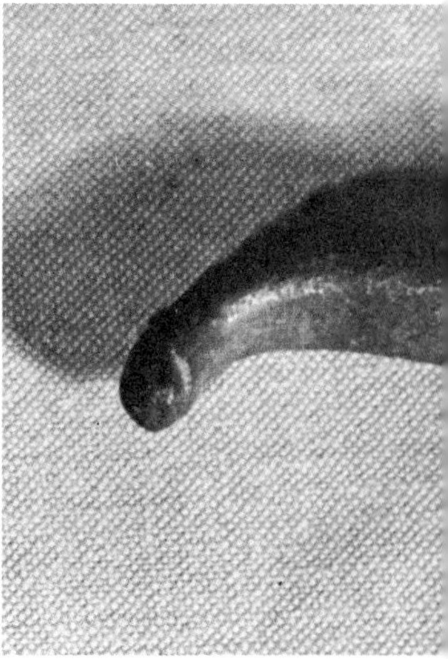

Amulette (Bronze), in Neapel, Nationalmuseum.

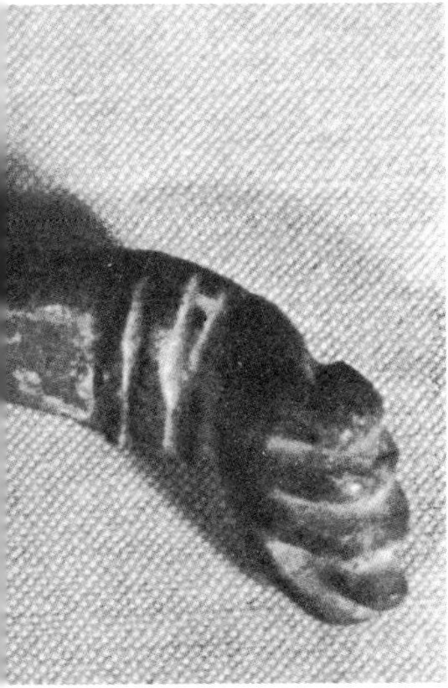

zurückgeworfen werden. Dann werden Klagelaute kommen, wird ein zartes Murmeln und ein süßes Seufzen kommen und die Worte, die zur Liebe gehören. Aber laß sie nicht hinter dir zurück, indem du mehr Segel spannst als deine Geliebte, und erlaube ihr auch nicht, dich zu überholen: erreicht das Ziel zur gleichen Zeit! Das ist der Gipfel der Lust, wenn Mann und Frau beide besiegt, kraftlos ausgestreckt daliegen.«

Diese Vervollkommnung des gegenseitigen Vergnügens, die der Dichter zum vornehmsten Ziele seiner Unterweisung macht, sie ist in meinen Augen nicht ohne eine gewisse feierliche Würde, trotz des scherzhaften Tones. Der ungläubige Ovid, Ovid, der Roué, gesteht keineswegs zu, daß der freie Mensch durch den Trieb des Instinkts auf das Niveau des Tieres herabgewürdigt werde. Für ihn macht der Verstand den Menschen zum Herrn seines Körpers, ihm steht es zu, seine Lust zu erhöhen wie ebenso seinem Leid ein Ende zu bereiten. Außerdem trägt der Mensch einen ausgeprägten Sinn für die Harmonie in sich, der die Kunstübung zur Entfaltung bringt und den das Tier niemals erwirbt. Die Lust so vollständig wie möglich auszukosten und diese Harmonie zu respektieren, das ist nicht weit davon entfernt, auf diese Weise zu einer doppelten Regel der Menschlichkeit zu werden, man möchte fast sagen zu einer zweifachen Askese. Die Schamhaftigkeit ist angeboren. Der Triumph der Liebe, das ist ihr Sieg über die Schamhaftigkeit, aber deswegen verstößt sie keineswegs gegen die Schönheit. Wider alles Erwarten stellt sich übrigens eine Sorge um das Ästhetische bei Ovid in dem Augenblick ein, in dem er auf die Ausgelassenheiten der Liebe zu sprechen kommt.

»Es gibt tausend Weisen die Freuden der Venus zu kosten. Die einfachste und die am wenigsten anstrengende ist für die Frau, halb auf der rechten Seite zu liegen. Aber Vorsicht! ...

Priap, marmorene »Mantelherme« in Neapel, Nationalmuseum.

»Hic habitat Felicitas«, Steinrelief in Neapel, Nationalmuseum.

Möge jede Frau sich wohl kennen. Wählt diese oder jene Haltung je nach eurer Körperbeschaffenheit, die gleiche Stellung schickt sich nicht für jede. Die Frau, deren Angesicht besonders hübsch ist, wird sich auf dem Rücken ausstrecken. Vom Rücken her werden sich diejenigen zeigen, die mit ihrem Rücken zufrieden sind. Hat Lucina Falten auf deinem Leibe zurückgelassen, dann mach es wie der Partner, der kämpft, indem er den Rücken wendet. Milanion trug auf seinen Schultern die Beine der Atalante, wenn die eurigen schön sind, dann laßt sie auf die gleiche Weise sehen. Die kleine Frau wird die Haltung des Reiters einnehmen; weil sie hoch gewachsen war, setzte die Thebanerin, die Gattin Hektors, sich niemals auf ihren Gemahl wie auf ein Pferd. Auf dem Bette kniend, das Haupt ein wenig rückwärts gebeugt, so wird sich die Frau

Naikos mit Phallus, Steinrelief in Neapel, Nationalmuseum.

präsentieren, die sich in ganzer Linie von der Seite her bewundern lassen muß. Wenn eure Schenkel den Reiz der Jugend haben und wenn eure Brust gleichermaßen ohne Fehl ist, dann sollt ihr selber schräg im Bette liegen und der Mann aufrecht stehen. Ich vergaß: laß nicht das Licht durch alle Fenster in dein Schlafgemach dringen – sehr viele Teile eures Körpers gewinnen, wenn sie nicht im vollen Tageslicht erscheinen.«

Eine so strenge Klarheit, ein so durchdachtes Raffinement – sind sie denn in der Praxis mit der vollständigen Befriedigung der Liebenden vereinbar? Das ist eine andere Frage. Es gibt gegen Ende der »Liebeskunst« eine beunruhigende Rechtfertigung der Verstellung in der Lust. Ovid war vielleicht zu sehr Verstandesmensch und sah viel zu klar, um je-

Lampen mit erotischen Motiven in Neapel, Nationalmuseum.

mals in seinen zahllosen Eroberungen die Verwirklichung einer absoluten Glückseligkeit zu finden, die er dennoch für den Maßstab des Menschen ersinnt. Wie dem auch sei – schon im Altertum sein Buch als gefährlich verurteilt, und bekanntlich war dies einer der Gründe für die Verbannung, die dem Dichter im Jahre 8 unserer Zeitrechnung auferlegt wurde. Wiewohl er vorsichtshalber es wiederholt aussprach, daß er nur die freigelassenen und nicht die verheirateten Frauen im Auge gehabt habe, gefährdete er doch zu offensichtlich die von Augustus unternommenen religiösen und moralischen

Reformen, indem er die freie Vereinigung und die Freuden der leichtfertigen Liebe pries. Diese Ästhetik der Sinnlichkeit, für eine Elite geschrieben, konnte als pure und simple Aufforderung zur Ausschweifung mißverstanden werden.

Nach meiner Ansicht liegt der Fall bei den erotischen Fresken von Pompeji ähnlich. Durch die Kunst des Malers, wie durch die Kunst des Dichters, sind die sinnlichen Bilder imstande, im Herzen des Menschen eine geheime Faser anzurühren, die nicht notwendigerweise gemein ist: die Lebensangst, die Unruhe über die metaphysische Problematik entspringen oft genug dem lebhaften Gefühl für die Schönheit der fleischlichen Formen und aus der heftigen Wonne des physischen Genusses. Gewiß – die tabellae, die die Liebesposen darstellen, können einfach eine künstliche Provokation

Lampen mit erotischen Motiven in Neapel, Nationalmuseum.

der Wollust sein, und Ovid spielt darauf an, wenn er, von der Frau von 35 Jahren sprechend, vermerkt, daß sie, gelehrt durch Alter und Erfahrung, »die allein die Künstlerin ausmacht«, sich der Liebe in mehr Stellungen weihen wird als irgendeine Blütenlese von Gemälden enthält.

> »Könnt ich«, sagt ein anderer Dichter, als er von der Geliebten spricht, die er erwartet, »könnt ich sie jetzt sehen, wie sie mir ihre zarten Arme um den Hals legt, und halb hinten-

übergebeugt, mir ihre schneeigen Flanken bietet, könnte ich sie sehen, wie sie, süße Gemälde nachahmend, der Reihe nach alle Haltungen einnimmt und auf meinem Bette schwebt; könnte ich sie sehen, wie sie alles wagt, ohne zu erröten, und wollüstiger noch als ich ohne Pause auf den Polstern hüpft.«

Ich zweifle, daß dies die ausschließliche Absicht der erotischen Bildkunst von Pompeji ist, wo ein berühmtes Mosaik ein Totengerippe zum Gegenstand hat, das in jeder Hand einen Weinkrug trägt. Carpe diem . . . Ergo vivamus, dum licet esse, bene . . . Der Gedanke an den Tod steigert den brennenden Wunsch, zu leben, aufs höchste, die Beschwörung der

Liebesfreude aber führt umgekehrt den Geist auf die Rätsel zurück, die dem Menschen aufgegeben sind; und es ist in Pompeji, wo man die mystischen Fresken der Villa Item entdeckt hat.

Phallus und Vulvae, übelabwehrendes Mosaik im Museum von Sousse.

Rechts oben: Beim Spiel, Wandbild in Neapel, Nationalmuseum.

Rechts unten: Liebesszene, Wandbild in Neapel, Nationalmuseum.

V

Seit seiner Entdeckung im Jahre 1909 ist das Ganze zu viele Male erläutert worden, als daß wir hier sehr ausführlich darüber sprechen sollten. Immerhin: welche außergewöhnliche Mischung von Fantastischem und Realistischem, von menschlicher Dichte und von Geistigkeit!

In dem tablinum der Vorstadtvilla bewegen sich neunundzwanzig Personen in Lebensgröße, man möchte fast sagen *vor* den schönen roten Tafeln der Wanddekoration, um für alle Zeiten die fortschreitenden Akte der dionysischen Weihen zu wiederholen. Seitab auf einem Thron präsidiert die domina den Ablauf der Zeremonien. Zunächst das Vorspiel: das Haupt mit dem Hochzeitsschleier bedeckt, lauscht eine reich geschmückte junge Frau stehend der Lesung, die ein nacktes Kind aus einem volumen vornimmt; die neben ihm sitzende Lehrmeisterin hat es ihm gerade anvertraut. Eine Gehilfin, die in ihren Händen einen runden Teller hält und einen dicht belaubten Zweig trägt, schreitet mit Lorbeer bekränzt vorüber. Sie nähert sich dem Tisch, der ein wenig weiter nach rechts drei Frauen vereinigt. Dort schickt sich eine vom Rükken her gesehene Priesterin an, so scheint es, unter einem Tuch in den Korb, den ihr eine Dienerin von links reicht, den Gegenstand zu legen und zu verhüllen, über den eine zweite Gehilfin rechts ein Trankopfer ausgießt. Plötzlich aber mischen sich unter die menschlichen Wesen die Teilnehmer des Thiasos: mit begeistertem Blick schlägt ein Silen mit dem Plektron die Saiten seiner Leier; ein kleiner Satyr bereitet seine Schalmeien vor, und eine Faunin gibt einem Zicklein ihre Brust. Eine Frau läuft herzu, verängstigt, der Schleier, den sie festhält, schlingt sich um ihr Haupt, gebläht von der Heftigkeit ihrer Bewegung. Auf der benachbarten Wandfläche hält ein mit Efeu bekränzter alter Silen ein Trinkgefäß an die Lippen eines jungen Satyrn, während hinter ihm ein and-

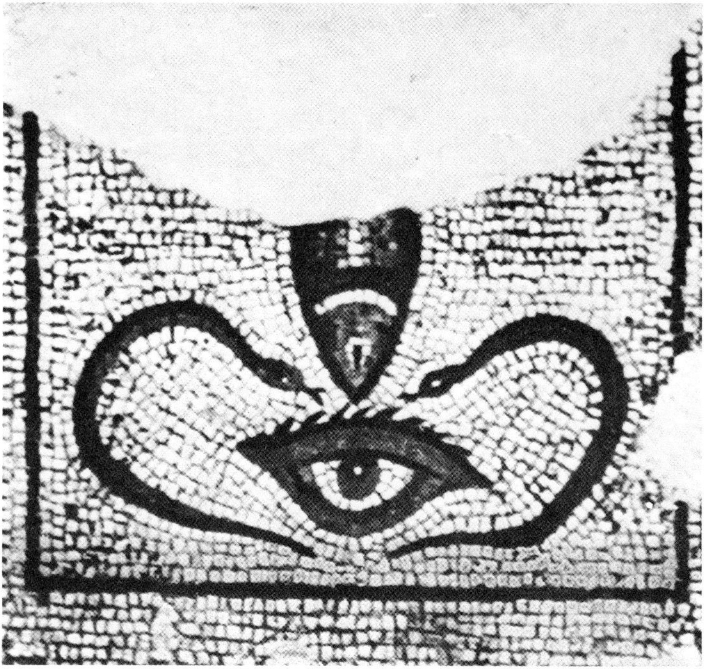

Phallusfisch, Auge und Schlange, übelabwehrendes Mosaik in Moknine.

rer Satyr eine Theatermaske hochhebt. Aber von dorther rührt ohne Zweifel das Erschrecken der laufenden Frau nicht, es kommt wahrscheinlich auch nicht von der göttlichen Epiphanie, wo Dionysos, zärtlich an Ariadne gelehnt, die ersten Liebkosungen tauscht. Hinter dem Liebespaar entrollt sich nun eine ganz andere, grausame Szene: kniend, mit bloßen Füßen, in eine einfache eng anliegende Tunika gehüllt, ihr Mantel ist bis auf die Schenkel herabgeglitten, beginnt eine Frau die mystische Getreideschwinge, die einen enormen Phallus birgt, zu enthüllen. Hinter ihr halten sich zwei verschleierte Gestalten auf. Vor ihr schwingt ein weiblicher Ge-

Priap mit seiner »Keule«, Wandbild in Neapel, Nationalmuseum.

Auf dem Bett, Wandbild in Neapel, Nationalmuseum.

nius mit schwarzen Flügeln, indem er seine schlanke jungfräuliche Gestalt biegt, eine lange, dünne Peitsche. Sie beginnt den nackten Rücken einer jungen Frau zu geißeln, die kniend gegen die Beine einer sitzenden Gehilfin lehnt; diese hat ihre linke Hand mit Zärtlichkeit auf das Haupt der hilflos in ihrem Schoße liegenden Dulderin gelegt. Dieser Gruppe zugeneigt scheint eine andere Frau in düsterm Gewande, ihr zartes Gesicht von schmucklosen Bändern umrahmt, die Schläge zu zählen; sie hält in der Hand einen Thyrsosstab. Ganz nahe bei ihr, durch ihre herrliche Nacktheit und ihre Gestikulation kontrastierend, dreht sich eine vom Rücken her gesehene Tänzerin im Kreise und schlägt in hoch erhobenen Händen Schallbecken. Weiter entfernt schließlich wird der Rhythmus sanfter; auf einem Sessel mit verzierten Füßen ist nur noch eine hübsche Frau zu sehen, die sich in Gegenwart einer Dienerin und zweier Eroten, von denen einer ihr den Spiegel reicht, frisiert.

Als Gesamtwerk betrachtet ist dieses Fresko, wenn wir von den Wandecken und den Unterbrechungen durch die Türen absehen, großartig. Die künstlerische Technik, die ausgewogene Komposition, die Qualität der Zeichnung, die Harmonie der Farben und nicht zuletzt die Körperformen der Figuren machen das Gemälde zu dem bemerkenswertesten Meisterwerk der antiken Malerei, das auf uns gekommen ist. – Hinsichtlich der Deutung mag vielleicht nicht alles vollkommen klar sein, aber die Probleme, die sich stellen, sind fesselnd.

Ganz offensichtlich handelt es sich um eine Darstellung der dionysischen Weihen, bei der die wirklichen Geschehnisse mit Visionen oder vielmehr mit überirdischen Erscheinungen verflochten sind. Das Drama spielt sich gewissermaßen auf zwei Ebenen ab. Der Anteil des Realen ist beträchtlich. Mehrere der Gesichter sind ganz gewiß Porträts. Vor allem die domina, die Herrin des Hauses, die der Zeremonie vorsteht, die sich einmal so bei ihr zu Hause abgespielt hat: schon im helle-

Widerstand, Marmorrelief in Neapel, Nationalmuseum.

Oben: Liebesszene, Wandbild in Neapel, Nationalmuseum.

Links oben: Umarmung, Wandbild in Neapel, Nationalmuseum.
Links unten: Freude, Wandbild in Neapel, Nationalmuseum.

nistischen Griechenland bestand der Brauch, in reichen Häusern sein eigenes Bild an irgendeiner Stelle der Wohnung zu haben. In unserem Falle können die ein wenig beleibte und träge Schönheit sowie die ein wenig feierliche Eleganz der Dame für persönliche Züge gehalten werden, selbst die Haltung verrät die Pose. Danach die Lehrmeisterin: sie ist die Hauptperson dieser Versammlung, sie ist mit Realismus und ohne Schmeichelei behandelt; ihre alltägliche Kleidung, ihre sehr einfache Frisur passen zu dem recht wenig angenehmen Gesichtsausdruck, den umschatteten Augen, dem verdrossenen Mund; gleichgültig gegenüber den Geschehnissen folgt sie mit abwesender Miene der Lesung der heiligen Formeln, ganz beschäftigt mit ihrem inneren Traumgesicht. Ich möchte dazu neigen, in den mit Lorbeer bekränzten Frauen, von denen eine jede eine aktive Rolle in den Erfüllungen der Riten innehat, auch Porträts zu erkennen: die Dreiviertel- und Profilansichten sind auf jeden Fall besonders genau und die Gewänder sind von einer großen Wahrheit, es genügt, an die Art und Weise zu denken, mit der die sitzende Priesterin ihren Kopfschleier geknotet hat, um während der Handlungen nicht behindert zu sein. Es könnte auch nur ein Pseudoporträt sein. Die Thyrsos-Trägerin in der Geißelungsgruppe hat in ihrem düsteren Kleid eine ergreifend klösterliche Anmut, und die schwarzen Augenlider, die verwirrten und vom Schweiß der Gegeißelten verklebten Peitschenschnüre sind erbarmungslos wiedergegeben.

Doch was soll man von den Silenen und den Satyrn, von dem göttlichen Paar und dem Engel mit den schwarzen Flügeln sagen? Das sind keine Nebenfiguren im Kostüm des Theaters, und es kommt sonst keine andere Maske vor als die, die ein Faun in seiner Hand emporhebt. Das sind weder Papposilene noch junge Schauspieler, die ein heiliges Spiel aufführen; diese fantastischen Wesen, in denen sich das Animalische mit dem Menschlichen vermählt, diese Erscheinungen, in denen die musikalische Ekstase, die kindliche Anmut, der

Ringkampf, Marmorgruppe in Rom, Konservatorenpalast.

Ernst des Wissens, das Spontane des Instinkts oder die unerbittliche Strenge, die je nachdem abwechselnd burlesken oder schrecklichen Gesichter verklären; das ist der Thiasos selbst, rings um den Gott, den er begleitet; unsichtbare, aber reale, entscheidende und einzig erklärende Gegenwart. Denn man muß begreifen, daß die Flüssigkeit des Trankopfers so zum Lebenstrank wird, den die Zicklein an der Brust der Faunin saugen, daß sie das Getränk der ewigen Trunkenheit wird, woran die Satyrn sich erquicken, und daß der Phallus auf der Weidenschwinge zum Ursprung aller Fruchtbarkeit und zur Verheißung der durch das Liebespaar Dionysos-Ariadne beschworenen Hierogamie wird. Die Interferenz und der Kontakt zwischen der materiellen Wirklichkeit der Riten und der höheren Wirklichkeit der Symbole offenbart sich im Augenblick der Geißelung: die Geißelnde mit den schwarzen Flügeln gehört nicht dem menschlichen Bereich an, die Gegeißelte aber leidet an einem Körper aus Fleisch und Blut, und sie muß wirklich körperlich leiden, auf daß in ihrem einmal geläuterten Körper die Freuden des hochzeitlichen Lagers von jetzt an die Voraussetzung der unsagbaren Freuden werden, die weder das Alter noch die Zeit jemals bedrohen werden. Man pflegt das letzte Bild des Frieses außer acht zu lassen, weil man in ihm nur eine banale Frauengemachszene sieht, hinzugefügt als eine Art von Füllwerk. Ich bin dessen nicht so sicher, daß diese Auslegung zutrifft, denn die Anwesenheit von Eroten könnte sehr wohl das Kennzeichen dafür sein, daß die Toilette der Frau, indem sie für die Eingeweihte eine wirkliche Toilette der Venus ist, die Umarmungen, auf die sie sich vorbereitet, im eigentlichen Sinne ebenso göttlich sein werden.

Vorhergehende Doppelseite:
Beiderseitige Freuden, Wandbild in Neapel, Nationalmuseum.

Rechts: Ringkampf, Marmorgruppe in Rom, Konservatorenpalast.

Pan und Daphne, Mosaik in Neapel, Nationalmuseum.

Die Fresken der Villa Item werden von A. Maiuri in die Zeit des Augustus datiert, die Satiren des Juvenal, des in der Zeit der Antonine lebenden Dichters, sind viel später entstanden, und dennoch findet in meinen Augen die Stelle, die ich oben zitiert habe, wo Juvenal sich gegen die obszöne Raserei der Sektiererinnen der Guten Göttin am Ende ihrer Mysterien wendet, eine Art indirekter Rechtfertigung in den bildlichen Zeugnissen der Villa Item. Auf ihre menschlichen Personen zurückgeführt, spielt sich die dargestellte Einweihung unter Frauen ab, fern von jeder anderen männlichen Gegenwart als der des nackten Kindes, das das Ritual verliest. Was tun diese Frauen untereinander? Zunächst vollziehen sie rätselhafte Reinigungen zu geheimen Handlungen mit Gegenständen, die verborgen bleiben und die man sich als anstößig vorstellen kann. Weiterhin finden wir dabei eine, die, indem sie ihren Mantel zu Boden gleiten läßt, sonst den Körper eng eingehüllt in eine einfache durchsichtige Tunika, niederkniet und sich halb vor dem Bilde eines männlichen Gliedes in Erektion niederwirft, das sie mit Inbrunst enthüllt. Und dann sind noch zwei, die sadistisch mit Begierde die Marter eines Mädchens mit noch kleinen Brüsten betrachten, das sie bis zu den Schenkeln entblößt haben und das sich in demütiger Stellung einer Geißelung unterwerfen muß, die sein zartes Fleisch wund macht und seinen liebreizenden Körper erzittern läßt. Schließlich beginnt eine Tänzerin, ganz nackt, deren Zimbeln das Wimmern der Unglücklichen übertönen, ihre unkeuschen Drehungen und entfesselt den Tumult der Orgie. Man begreift, daß verglichen mit dem Profanen, eine Zeremonie dieser Art, die in kollektive Erregung ausartet, die Tat von von sexueller Raserei gequälten Hysterikerinnen ist. Orphisch-dionysische Mysterien, priapische Mysterien der Bonna Dea – man versteht, daß die geheimen, den Frauen vorbehaltenen Kulte in Rom einen verabscheuungswürdigen Ruf erlangt haben.

Wie könnten wir auch in den Fresken der Villa Item eine fremdartige Sinnlichkeit leugnen? Wie könnten wir nicht betroffen sein von dem beunruhigenden Antlitz der Lehrmei-

Pan und Daphnis, Marmorgruppe in Neapel, Nationalmuseum.

sterin, von dem wahnsinnigen Blick der fiehenden Frau? Wie sollte man nicht gefesselt sein von der herrlichen Sinnlichkeit der Flagellantin, der Gegeißelten und der Tänzerin, bei der die stolze Wölbung der Brüste, die bebende Zerbrechlichkeit der Schultern und die bewegende Harmonie der Hüften, drei kennzeichnende Aspekte weiblicher Schönheit, so gefällig und so herrlich herausgestellt werden? Ohne Zweifel nehmen die Gemälde aus der Villa der Mysterien einen bevorzugten Platz in der Geschichte der erotischen Malerei ein, selbst wenn man von der jungen, ihrer Toilette hingegebenen Schönheit absieht, die ihre runden mit Bändern geschmückten Arme erhebt, um sich das Haar zu ordnen, und selbst, wenn man von dem Paar Dionysos und Ariadne absieht. Vom Ästhetischen her gesehen ist diese Gruppe weit davon entfernt, der beste Teil des Frieses zu sein, aber – halb auf den Schoß seiner Gefährtin geworfen, den Leib wollüstig der Liebkosung hingegeben, die Augen halb geschlossen, ist der Gott von allen Personen ohne Zweifel derjenige, dessen Haltung die suggestivste ist: wenn man von ihm auf die Freuden schließen darf, nach denen die Eingeweihten streben, kann man nicht umhin sich vorzustellen, daß sie sehr wollüstig und den unmittelbaren Freuden der menschlichen Umarmungen sehr nahe sind. Kaum jedoch hat man den Realismus der zerknitterten Kleidung bemerkt, die herabgleitet und schon nicht mehr als nur ein Knie bedeckt, kaum hat man das vom ersten Augenblick an vertraute und fast alltägliche Detail des Fußes, der ohne Schuhe ist, wahrgenommen, so bemerkt man, daß die aufgeknotete Sandale, vor aller Augen auf dem Lager Ariadnes liegend, uns das Symbol in Erinnerung ruft: Dido geht, in der Aeneis, als sie beschlossen hat, die Welt der Lebenden zu verlassen, unum exuta pedem vinclis auf den Altar der unteren Gottheiten zu ...

Tatsächlich könnte man den schönen Knaben, den wir vor uns haben, gar nicht mit einem Sterblichen verwechseln, und seine Freuden sind nicht von dieser Welt, sie gehören dem Jenseits an; und die sinnlichen Freuden, die wir hier unten kennen, erlauben lediglich, davon eine Idee zu erfassen. Die Liebesekstase, die die Eingeweihte erwartet, wird die durchdringende Süße der musikalischen Ekstase haben, die den Silen davonträgt, die substantielle Reinheit der nährenden Milch, die die Herden gedeihen läßt, und die berauschende

Pan und die Ziege, Marmorgruppe in Neapel, Nationalmuseum.

Macht des magischen Trunkes, der den Satyrn die Jugendfrische und das Ungestüm erhält. Silen, Herden, Satyrn sind vor unsere Augen gestellt, und wir erkennen sie wieder, sie sind uns vertraut. Die kleine Ziege mit den zierlichen, aufge-

reckten Hörnern, die den Kopf dem Betrachter zuwendet – wir haben sie auf den Hängen des Vesuvs gesehen. Der dicke Musiker, die bäuerlichen jungen Leute mit dem gekräuselten Haar – wir sind ihnen auf den Dorffesten begegenet, oder vielmehr: wir möchten schwören, daß wir ihnen begegnet sind, während das doch allzu offensichtlich unmöglich ist. Denn nur im Geistigen haben wir die Offenbarung ihrer Gegenwart gehabt, und das Geistige, das über die Erfahrung hinausgeht und sie läutert, gestattet auch, im Vollzug der physischen Liebe, die Offenbarung einer Wirklichkeit zu erlangen, die sich unseren Sinnen entzieht.

In der Literatur und in der antiken Kunst Italiens nimmt die Erotik einen Platz ein, den als skandalös zu bezeichnen allzu leicht und zu summarisch ist. Man soll sich diesen Texten und diesen Bildern nicht nähern, ohne sich zu bemühen, »sich eine antike Seele zu beschaffen«. Wenn wir folglich hier nirgendwo eine philosophische Bearbeitung finden, vergleichbar etwa denen, die das griechische Denken und die indischen Weisen zu verwirklichen wußten, wenn bisweilen die lateinischen Autoren selber den christlichen Moralisten die Anhaltspunkte für eine strenge Verurteilung liefern – es gereicht dennoch dem erhabenen Genius von Rom zur Ehre, in der Erotik eine Kunst entdeckt zu haben, ja mehr noch als eine Kunst: eine Mystik.

Links:
Phalluswiegen, Wandbild in Pompeji, Haus der Vettier.

Seite 152:
Ithyphallische Satyrn, Bronzebeschläge eines Dreifußes in Neapel, Nationalmuseum.

Nachwort

Es ist mir eine besonders angenehme Aufgabe, dem Text meines verehrten Kollegen Jean Marcadé in Bordeaux, den ich als Archäologen und Wissenschaftler schätze wegen seines Wissens und der Sorgfalt seiner Untersuchungen und Darlegungen, ein Nachwort anzufügen, wiewohl auf den vorhergehenden Seiten zu den Bildern selbst, zu der künstlerischen Bedeutsamkeit sowie zu ihren menschlichen, sozialen und religiösen Hintergründen alles Wesentliche von ihm gesagt ist. Ich habe dem nichts hinzuzufügen.

Ich habe niemals Bedenken getragen, in meinen Vorlesungen Bilder der hier reproduzierten Art (soweit sie mir bisher zur Verfügung standen) zu zeigen und mich immer geweigert, etwas in den Wandbildern der Tomba dei Tori in Tarquinia, Bilder obszönen Inhalts zu sehen und sie so zu bezeichnen, denn: wie könnte ein Mensch des Altertums im Angesicht des Todes selbst, der Todesgenien, der Todesgottheiten auf obszöne Gedanken kommen? Die Magie der Bilder an den Wänden des Grabes stellt für beide, für die Verstorbenen, wie für die Zurückbleibenden, nichts anderes dar, als daß ihm, dem Verstorbenen, (oder den Verstorbenen, denn es handelt sich in diesen Gräbern ja um größere Anlagen, in denen viele Bestattungen vorgenommen wurden) die gesteigerten Freuden des irdischen Lebens in einer anderen Welt gesichert sind, wie die Funktionen des Lebens überhaupt.

Der aufmerksame Betrachter der Bilder dieses Bandes wird von selbst bemerkt haben, daß manche Szenen sich an ganz verschiedenen Orten, ja auch auf ganz verschiedenen Darstellungsgattungen ähnlich oder sogar identisch wiederholen. Verfasser und Herausgeber hätten solcher Beispiele noch viele bringen können. Es würde dann offenbar werden, daß diese Darstellungen von Liebesszenen nicht »einzigartige« Bilder sind (wenn auch meist von einzigartiger Schönheit), sondern, daß sie eingebunden sind in eine ganz bestimmte Typologie, in eine Ikonographie der Darstellungen: Darstellungstypen wiederholen sich auf den campanischen Wandgemälden, diese wieder hängen zusammen mit verwandten Bildern aus dem griechischen Kulturkreis, wohl im Sinne von Vorbildern, diese wiederum stehen unter sich in einem klar erkennbaren typologischen Zusammenhange. Es ist nicht anders als bei anderen Szenen, etwa mythologischen Inhaltes auch: sie beruhen auf einer in den Kunstwerkstätten lebendig vorhandenen und tief verwurzelten Tradition.

Selbst die Dichter und Schriftsteller sind hier nicht ausgeschlossen, auch bei ihnen finden sich »typische« Szenen immer wieder. Die Lektüre der Ovidischen Dichtung zum Beispiel wird jedem Leser die Verwandtschaft der Verse mit den Bildern offenbaren. Ja – manchmal hat man den Eindruck, daß Ovid, nicht nur in der »Liebeskunst« sondern auch in den »Metamorphosen« gar nicht wirkliche Vorgänge, Vorgänge des irdischen und mythischen Lebens schildert, sondern er beschreibt Vorgänge, als hätte er nichts anderes vor Augen gehabt als – Bilder, plastische oder gemalte; so deutlich ist der Zusammenhang der Dichtkunst mit der Bildkunst, besonders bei Ovid.

Es würde zu Ergebnissen führen, solche Zusammenhänge näher zu untersuchen, und sowohl der vorliegende Text als auch die dazu gehörigen Bilder schaffen Voraussetzungen für eine solche Untersuchung. Diese aber könnten nichts anderes herausstellen als dies: daß alle solchen künstlerischen Erzeugnisse Teilstücke einer bedeutenden Gesamtkultur gewesen sind, die insgesamt zu erforschen und zu erkennen sich lohnt.

W. Zschietzschmann